Colecţia PLURAL M

www.polirom.ro

Editura POLIROM
Iaşi, B-dul Carol I nr. 4; P.O. BOX 266, 700506
Bucureşti, Splaiul Unirii nr. 6, bl. B3A, sc. 1, et. 1,
sector 4, 040031, O.P. 53

Descrierea CIP a Bibliotecii Naţionale a României:

MIHĂILESCU, VINTILĂ

În căutarea corpului regăsit: o ego-analiză a spitalului / Vintilă Mihăilescu. – Iaşi: Polirom, 2019

ISBN: 978-973-46-6474-0

61

Printed in ROMANIA

Vintilă Mihăilescu

În căutarea corpului regăsit

O ego-analiză a spitalului

POLIROM
2019

VINTILĂ MIHĂILESCU este profesor universitar doctor în cadrul Departamentului de Sociologie al Școlii Naționale de Studii Politice și Administrative (SNSPA). A fost *visiting professor* la numeroase universități și centre de studii avansate din Canada, Franța, Italia, Elveția, Germania, Belgia, Austria și Bulgaria. Din 2005 până în 2010 a fost director general al Muzeului Țăranului Român. În 1990 a inițiat organizarea Societății de Antropologie Culturală din România (SACR), al cărei președinte a fost între 1994 și 2000. Între 1998 și 2018 a fost colaborator permanent la revista *Dilema* (*Veche*), unde a deținut rubrica „Socio-hai-hui". A mai publicat: *Paysans de l'histoire* (în colab., 1992), *Fascinația diferenței* (1999), *Socio-hai-hui. O altă sociologie a tranziției* (2000), *Svakodnevica nije vise ono sti je bila* (Belgrad, 2002), *Sfârșitul jocului. România celor 20 de ani* (2010). De același autor, la Editura Polirom au apărut *Socio-hai-hui prin Arhipelagul România* (2006), *Antropologie. Cinci introduceri* (ed. I, 2007; ed. a II-a revăzută și adăugită, 2009), *Etnografii urbane. Cotidianul văzut de aproape* (coord., 2009), *Scutecele națiunii și hainele împăratului. Note de antropologie publică* (ed. I-II, 2013), *Condiția romă și schimbarea discursului* (coord. împreună cu Petre Matei, 2014), *Apologia pârleazului* (2015), *De ce este România astfel? Avatarurile excepționalismului românesc* (coord., 2017), *Hotel Ambos Mundos. Scurt eseu de antropologie borgesiană* (2017) și *Etnogeneză și țuică* (2018).

Domnului profesor Daniel Coriu, Domnului doctor Bogdan Ionescu şi întregului personal medical din Secţia de Leucemii Acute a Spitalului Fundeni, care mi-au acordat un nesperat răgaz de viaţă

Soţiei mele, care mă ţine în viaţă

Tuturor prietenilor mei, care au adăugat vieţii mele un sens nepreţuit

Când a devenit clar că voi petrece mult timp în spital și după ce m-am dezmeticit și eu un pic, primul meu gând de antropolog a fost că mă aflu într-o „cultură” despre care doar auzisem câte ceva, așa că, iată, am o ocazie neașteptată de a face un studiu inedit. Observația participativă era garantată, precum și cei doi ani pe care îi recomandă „tăticul” antropologiei, Malinowski. Toate condițiile erau deci îndeplinite, așa că mi-am propus să scriu o „etnografie a spitalului” – de altfel, acesta a fost și primul titlu al „cărții” pe care plănuiam să o scriu. M-am uitat deci mai întâi de jur împrejur, să văd ce se întâmplă în lumea înconjurătoare. Curând, am realizat însă că sunt atras, inevitabil, mai mult de ceea ce se întâmplă cu mine. Am schimbat deci și titlul, care a devenit *O (auto)etnografie a spitalului*. După încă o vreme, ceea ce a ajuns să mă fascineze a fost aventura corpului – pe care o trăiam, desigur, pe cont propriu, dar începusem să o observ și la cei din jur. Corpul a rămas așadar în centrul atenției mele, astfel încât am schimbat și titlul, în *Etnografia spitalului. O antropologie a corpului*. Îmi era clar că în afara spitalului nu aș fi reușit nicicând să observ ceea ce am văzut și să-mi pun problemele despre corp pe care mi le-am pus. Titlul era însă greoi și mult prea academic.

A fost momentul în care Ana, soţia mea, mi-a sugerat alt titlu: *În căutarea corpului regăsit*. Într-un mod profund şi doar aparent contradictoriu, exact despre aceasta era vorba. Eu am adăugat doar subtitlul, *O ego-analiză a spitalului*, căci nu poţi înţelege cu adevărat anumite aventuri ale corpului în afara „culturii” de apartenenţă: şi corpul este *culture-bound!...*

Cele două corpuri de acasă

După două luni petrecute în spital, ne-am întors acasă pentru două zile. Am parcurs traseul invers al „căderii în gol". Nu mai recunoşteam nimic – mai exact, nu mă mai regăseam pe mine în propria casă. Ana umbla năucă dintr-o cameră în alta, iar eu m-am refugiat rapid în patul improvizat pentru mine la parter, m-am întors cu faţa la perete şi am dormit trei ore neîntors. Sărmanul Gaşpar – cum îmi alint eu corpul – nu se potrivea deloc în acel peisaj...

Ne-am adus aminte, şi eu, şi Ana, de povestea cu preoţii budişti invitaţi să ţină nişte prelegeri spirituale în America. Ajunşi pe aeroport, s-au aşezat pe nişte scaune şi au aşteptat o zi, două. În a treia zi, un angajat al aeroportului i-a întrebat, respectuos, ce se întâmplă. *Am fost invitaţi în America*, a răspuns superiorul preoţilor. *Dar sunteţi în America!* s-a mirat funcţionarul. *Da, corpurile noastre au ajuns, acum ne aşteptăm sufletele*, i-a explicat budistul.

Nu suntem budişti, aşa că povestea corpurilor noastre nu este tocmai aceeaşi. Dar experienţa primelor trei reveniri acasă a fost edificatoare. Prima dată, mai ales că s-a întâmplat după numeroase promisiuni ratate, a fost un fel de triumf sărbătoresc: în sfârşit, ne-am întors acasă! După ce am revenit la spital, ne-am dat seama că, de fapt, încă nu ajunseserăm acasă: totul s-a petrecut foarte repede, amândoi am fost foarte agitați, eu m-am refugiat, ca de obicei, în somn, ca și cum de asta venisem acasă, iar Ana era extenuată tot alergând să pregătească venirea, apoi plecarea. Culmea e că în primele ore de reîntoarcere la spital, când așteptam rezultatul analizelor făcute, de data asta, într-un cabinet „generalist", am simțit că nu ajunseserăm la spital și chiar că, într-un fel, eram abandonați de „comunitatea" noastră de pe secție. Stăteam pe scaune ca toată lumea, în fața ușii de la secția „noastră", dar care pentru noi era închisă. Nu eram nici acasă, nici în spital – am avut din nou experiența aceea derutantă, că mă aflu într-un moment liminal, din timpul internării inițiale.

La a doua și mai ales la a treia revenire acasă lucrurile au fost chiar mai dramatice, dar parcă tot mai clare. Devenea astfel tot mai vizibil că, pe de o parte, domesticirea spitalului, așa reactivă cum era, ne reușise peste așteptări, că în-corporaserăm treptat acel spațiu străin pe care ajunseserăm astfel să-l locuim în prezent; pe de altă parte, revenirea în spațiul de acasă devenea un fapt de memorie și evocare, prin care ne regăseam, dar așa cum fuseserăm înainte de spitalizare. Distanța – și mai ales trăirea acestei distanțe – era neașteptat de mare și de dramatică. Trecerea intempestivă între cele două „lumi" era derutantă, depeizantă, un soi de dublu exil în care instalarea într-o lume punea sub semnul întrebării consistența celeilalte. Iar acest joc de oglinzi ridica acut, chiar dacă multă vreme profund inconștient, o întrebare biografică esențială: de fapt, cine (mai) suntem, cine vom putea deveni de acum încolo? Mă oglindeam în ordinea obiectelor ce alcătuiau acel acasă al nostru și mă vedeam în urmă cu un an, cu doi, cu douăzeci și doi... Dar nu mă vedeam acum, căci eu cel de acum nu mai fusesem niciodată în acea casă; în mod complet surprinzător, eu cel de acum eram acasă în spital... Era ca într-un fel de *back to the future* sau într-un glob magic de sticlă în care vrei să-ți vezi viitorul și realizezi că ceea ce privești este prezentul privit cu ochii trecutului.

De fapt, cu timpul, mi-am dat seama că, într-un fel, totul este foarte simplu și „explicabil": nu mă regăseam acasă pentru simplul motiv că eu cel actual existam doar la spital, în timp ce acasă bântuia eu-de-altădată, eu dinaintea bolii, eu în efigie, eu ca amintire și evocare de sine. De când mă îmbolnăvisem, nu mai fusesem niciodată acasă – iar acasă mă aștepta doar o memorie de sine. Două spații, două locuiri, două euri – eu cine sunt?

Ceea ce m-a surprins prima dată când am avut această revelație a fost faptul că nu era nimic traumatic în asta – nici urmă de regret, nici măcar o înțeleaptă împăcare cu soarta și cu mine; nu, era o dublă bucurie produsă de eul ce-am fost și de cel ce sunt pe cale să devin. Dar diferența era atât de mare, încât era foarte greu de gestionat.

*

E ciudat că nu am făcut mai de mult această legătură dintre corp și (a)casă. Țin de ani de zile un curs de antropologia locuirii, de fapt, despre acasă. Am repetat de zeci de ori, pe urmele altor autori care au spus acest lucru de mii şi mii de ori, că acasă este o casă în-corporată, că suntem făcuţi nu doar din relaţiile noastre cu ceilalţi, ci şi din relaţiile mute cu obiectele cu care şi prin care ne construim intimitatea. În ultimii ani am redus tot mai mult partea de teorie a cursului şi i-am împins pe masteranzi să (se) analizeze ce înseamnă pentru ei acasă şi cum şi-ar construi, în detaliu, un acasă pe măsura lor. Pentru majoritatea a fost o revelaţie: *Nu mi-am imaginat niciodată că sunt atâtea lucruri în mine!* mi-a declarat la un moment dat, la o bere la sfârşit de curs, o masterandă. Voia să spună ceva neutru, ceva de genul „atâtea chestii", dar inconştientul a fost mai puternic, aşa încât i-a ieşit „atâtea *lucruri* în mine". Şi aşa era, avea dreptate!

Am discutat şi cu Ana de zeci şi zeci de ori acest subiect, iar ea chiar a edificat acest acasă al nostru. Noi chiar trăim într-un acasă plenar, chiar suntem acasă, adică locuim o casă încorporată până în măduva oaselor. De la a doua revenire, mă uit de jur împrejur şi, dincolo de dezordinea inevitabilă de moment (mi s-a instalat în birou un pat adus dintr-un dormitor, genţi cu haine şi obiecte necesare pentru spital sunt aşezate, pe căprării, care pe unde s-a putut etc.), ordinea în care corpul meu se regăseşte într-un dialog mut cu obiectele şi din care eu nu înţeleg mai nimic este acolo, intrinsecă, fundamentală, *sui-generis* imuabilă. Doar eu (oricine o fi acest „eu"...) nu mă regăsesc întru totul, mai mult mă visez acasă.

Dar, pentru Dumnezeu, nu eu repet (şi îmi repet, şi ne repetăm) că acasă este o casă încorporată? Atunci cum de n-am realizat instantaneu care este relația dintre pățaniile corpului meu și despărțirea de acasă? Despărțit și deplasat, corpul nu avea cum să nu sufere. Iar de acest lucru nu aveam cum să ne dăm seama decât în regăsirea „în trecere" a intimității pierdute de acasă; la spital nu ne putem permite luxul unor astfel de gânduri, acolo trebuie să ne simțim (să ne prefacem suficient de bine că ne simțim) ca acasă, pentru a putea locui acolo pe termen lung.

Pentru Ana, acest dublu exil rapid între spital și acasă este mult mai dificil decât pentru mine. „Rațional" și „obiectiv" nu se întâmplă nimic deosebit: te urci în mașină și te întorci pentru câteva zile acasă, acasă la tine, unde ai scăpat de spital etc. De fapt, cum spuneam, lucrurile sunt mult mai complicate și, în primul rând, au o încărcătură emoțională foarte puternică. În plus, Ana trebuie să gestioneze la propriu aceste veniri și plecări, care devin astfel de-a dreptul anxiogene: să nu uit să iau, să duc, să aduc, să pun, să las, să schimb, unde le pun, încap sau nu, e prea mult, e prea puțin? Și toate acestea pentru două zile de *luxe, calme et volupté* acasă... Toată această încărcătură emoțională, dublată de spaima unei responsabilități fără cusur față de mine, a făcut ca, de fiecare dată când a devenit clar că plecăm pentru două-trei zile acasă, Ana să plângă, speriată, pe ascuns. Eu mi-am permis să „încapsulez" tot acest nucleu emoțional în pânza de păianjen a „intelectualizării", acel „inteligent" mecanism de apărare descris mai ales de Anna Freud, despre care voi mai vorbi cu altă ocazie. Pe scurt, să „exorcizez" emoția printr-un discurs „intelectual" (adică rațional) despre ce se întâmplă, ce mi se întâmplă „cu adevărat”. Ceea ce nu înseamnă că asta mi-am dorit, că asta am ales: inconştientul nu prea funcţionează *à la carte!...* Pe de altă parte, şi această variantă are costurile ei: la a treia revenire acasă, Ana a plâns la spital, dar apoi s-a liniştit (într-o oarecare măsură); eu am fost cât se poate de energic şi vital (adică agitat), dar am făcut o noapte albă, în prezenţa unei senzaţii luminoase de luciditate incomprehensibilă şi simţind cum din nas mi se prelinge, încet, un fir de sânge. Pe la şase dimineaţa am adormit: a dispărut şi senzaţia de luciditate şi s-a oprit şi sângele...

Am trăit cât se poate de intens această relaţie dintre corp şi acasă, aşa că, deşi s-ar putea ca înţelesul deplin şi ultim al acestei corespondenţe să-mi scape încă, mă pot hazarda, parafrazându-l pe Heidegger, să afirm că *inefabil locuieşte corpul!...*

*

— E prima dată când te văd în „civil”! mă priveşte, real surprinsă, Ana.

— Păi şi tu..., bâigui la rândul meu, uitându-mă la ea.

Pricepem instantaneu la ce ne referim şi unul, şi celălalt: deja ne aflăm acasă de o zi şi suntem îmbrăcaţi în „haine civile”. Până acum, de fiecare dată când ajungeam acasă, primul lucru pe care îl făceam era să ne asigurăm exact aceeaşi temperatură (excesivă!) ca la spital, să mă pun la pijama şi halat şi să mă întind în patul special instalat în birou. Fireşte că mă mai mişcam prin casă, dar de fapt reproduceam statutul de spital. Chiar și Ana, când nu trebuia să alerge după tot felul de cumpărături, rămânea mereu în pijama. Era o „normalitate" atât de puternică, încât o reproduceam fără să realizăm măcar că aici, acasă, ar trebui să fie altfel: *noi, pacienții, trăim în pijama.* Era ca și cum pijamaua vorbea în locul nostru, materializând un gând care nu știa să se exprime, făcându-l astfel vizibil...

Când am ieșit pentru prima dată din „pijama", mi s-a schimbat brusc și imaginea de sine. Fusese și după o primă „convenție" cu medicul meu, în care, se pare, reușiserăm să ne înțelegem reciproc. Pentru mine devenise în sfârșit destul de clar de ce mai bine de două-trei zile acasă, adică fără control medical, reprezintă un risc pe care el preferă să nu și-l asume: este o boală foarte capricioasă, cu schimbări absolut imprevizibile, care pot fi gestionate în spital, dar cu care nu știi ce să faci dacă ești singur acasă. Pe de altă parte, îmi devenise evident și că tot ce depășește trei-patru zile este nu doar inutil, ci și un stres în plus. Am convenit așadar ca, în limita posibilităților, să beneficiez de „ieșiri" de trei-patru zile, urmate de un control; iar în caz că toate sunt bune și frumoase, încă una-două zile de stat acasă. Acest nou orizont de timp a făcut miracole. În primul rând, am reușit să ajungem cu adevărat acasă, adică în afara spitalului. Iar *în afara spitalului*, viața mea nu se mai desfășura într-o *înfundătură* cu care trebuia să mă obișnuiesc și pe care trebuia să o domesticesc cât mai bine, ci undeva pe o stradă, un drum, o cale, un *spațiu deschis* spre Dumnezeu știe unde. Din această perspectivă, imaginea mea de sine nu mai era legată nici de cea a corpului sănătos de acasă, nici de cea a corpului bolnav de la spital, ci de fascinanta deschidere a *corpului posibil*, prezent, dar nebănuit, pe care am început să-l caut pentru că tocmai îl (re)găsisem.

*

Despre o căutare a corpului nebănuit va fi vorba, de fapt, în cele ce urmează. O căutare care nu ar fi fost posibilă fără această stranie experienţă de pierdere şi regăsire pe care ţi-o dă *Spitalul*.

Drumul spre spital

Ce pot să spun, cum arată, de fapt, spitalul meu? Clădirea în care am intrat prima dată a fost renovată și arată de-a dreptul impunător. În timp ce așteptam în holul mare și generos, am descoperit chiar după un colț un restaurant (privat), cu o cochetă grădină interioară, unde aveam să mănânc mai bine decât la un restaurant de lux. Clădirea în care am „locuit" are însă balcoane cu balustrade rupte, tavane false atârnând de niște resturi de sârme, dezmembrări ciudate în care își făcuseră porumbeii cuiburile, un anunț scris mare, de mână: Atenție, cade tencuiala!... *Impresia că aici s-au terminat banii. La interior totul arată însă absolut normal, iar salonul în care am fost repartizat este impecabil și mi-a permis să-mi refac un soi de acasă.*
Spitalul meu arată ca România: plin de contraste, de tristețe și de miracole...

Spitalul reflectă societatea. Evident, o asemenea afirmație este o platitudine, dar una pe care țin să o spun și să o nuanțez încă de la început. Astfel, în principiu, e clar că un sistem de sănătate nu are cum să sară peste resursele și nivelul de dezvoltare ale societății respective. Personal, cunosc o singură excepție:

Cuba. Dar cunosc și câteva cazuri în care sistemul de sănătate este sub nivelul de eficiență al altor sisteme de servicii publice din țara respectivă. Relația nu este deci una de strict „izomorfism" și, surprinzător poate, nu este nici una de strictă corelație între PIB și performanță. Competența și puțină creativitate pot compensa uneori (în niște limite stricte însă!) lipsa resurselor și disfuncționalitățile instituțiilor. Este important, cred, să reamintesc acest lucru (de fapt, o altă banalitate...) pentru a putea ieși din discursul mizerabilist despre sistemul de asistență medicală din România, fără a băga însă câtuși de puțin mizeria sub preș. Pentru a putea înțelege ce mi se întâmplă mie, fără a închide ochii la ce se întâmplă în jur, dar și fără a mă panica sau enerva la primul obstacol.

Genul de detaliu pe care nimeni nu dă doi bani. Înapoi în curte, număr băncile: șapte. Șapte bănci pentru câteva mii de pacienți și rudele lor venite în vizită. Șapte bănci – și niciuna nu e întreagă. Sunt așezate de-a lungul unei alei principale, pe care trec, zilnic, toți medicii, toți administratorii, toți managerii. Nu e treaba medicilor să se ocupe de bănci, desigur, dar e și treaba lor să se gândească la un confort psihic minim pentru pacienții pe care îi îngrijesc. Iar banca este locul pe care pacienții se așază să-și povestească între ei sau să le spună celor din familie ce mai e cu viața lor. E banal, dar știți cât contează?

În timp ce priveam șirul de bănci descompuse, au trecut două doamne ținând în mână câte o cafea. Se uitau, calme, într-o parte și în alta, căutând, evident, un loc cât de cât confortabil în care să se poată bucura de puțină liniște. Și, la fel de evident, n-au găsit nimic.

— Hai să căutăm locuri mai milostive, a șoptit una dintre ele.

Locuri „milostive" în spital: sună angelic și ridicol...

„Mizeria" există, în egală măsură, în societate și în spitale, dar a decupa doar acest aspect (oricât de dramatic ar fi el uneori) înseamnă a deforma totuși realitatea: cu puțin noroc și cu răbdare, mulți dintre bolnavii României ar putea să aibă parte sau să fie recuperați în mod miraculos de un medic, un colectiv, o secție, un spital, o echipă de doctori de care habar nu aveau inițial. Dar exact acest lucru permite o critică temeinică: de acord, de unde nu e, nici Dumnezeu nu cere; dar, când constați că, de fapt, se poate – când inițial ți s-a spus că nu se poate –, te bucuri, desigur, în primul moment, dar pe urmă te enervezi rău de tot, credeți-mă! Sănătatea nu ține, nu are voie să țină de „miracol", „noroc" și/sau „răbdare"! Or, asta se întâmplă cel mai frecvent în România: de multe ori, sănătatea noastră, câtă este și așa cum este, pare să țină de „miracol" – probabil de aceea continuăm să ne urăm „sănătate să dea Dumnezeu!"...

Statistici trăite

România este o țară săracă, știm asta, deci ne putem aștepta ca sistemul de asistență medicală să fie pe măsura acestei sărăcii; dar este greu de tolerat ca el să se situeze sub acest nivel, sub nivelul resurselor existente, sub nivelul celorlalte țări la fel de sărace și, în plus, să scadă sistematic din 2010 încoace! Iată, spre ilustrare, cea mai simplă statistică în această privință: totalul cheltuielilor pentru sănătate ca procent din PIB. Dacă, în 2000, România era pe ultimul loc, la același nivel cu Serbia și Macedonia măcinate de război, în 2015 ea se află tot pe ultimul loc, dar la distanță considerabilă față de Serbia, de veșnica sa concurentă, Bulgaria, și chiar față de Moldova, incomparabil mai săracă decât România. Dar poate mai simptomatic este faptul că, din 2010, totalul cheltuielilor pentru sănătate ca procent din PIB este în continuă scădere, „reflectând instabilitatea politică", după cum comentează autorii *Country Health Profile 2017*, studiu realizat în cadrul UE și OCDE. Situația sistemului de sănătate din România trebuie scoasă deci din domeniul economicului și abordată ca parte aproape exclusivă a politicului.

Totalul cheltuielilor pentru sănătate ca procent din PIB

Țara	2000	2010	2015
Albania	6,76%	5,70%	6,82%
Bulgaria	5,87%	7,10%	8,20%
Macedonia	4,18%	7,00%	6,09%
Moldova	5,81%	12,15%	10,17%
Serbia	4,18%	10,09%	9,40%
Ungaria	6,78%	7,55%	7,23%
Uniunea Europeană	7,94%	9,59%	9,92%
Global	8,60%	9,52%	9,90%
ROMÂNIA	4,18%	5,70%	4,95%

Mai târziu, mai mult ca să-mi fac de lucru, am început să mă documentez – dar cu ochiul pacientului, de data asta. Știam deja că cei doi indicatori demografici care sintetizează destul de bine performanțele globale ale unui sistem de sănătate, mortalitatea infantilă și longevitatea, ne plasează pe locuri îngrijorătoare. Am verificat: deși a scăzut considerabil, mortalitatea infantilă a fost, în 2017, de 7,6 decese la 1.000 de născuți vii, adică de peste două ori mai mare față de media Uniunii Europene, de 3,6‰ – deci suntem pe primul loc în Europa în ceea ce privește mortalitatea infantilă. Pe de altă parte, după ce a scăzut în anii 1980, longevitatea a crescut constant, dar puțin, speranța de viață la naștere fiind, în 2015, de 74,96 de ani în România, față de 81,13 în Uniunea Europeană – ceea ce ne plasează pe locul 109 în lume la acest capitol. Între aceste două repere, procentul persoanelor în vârstă de 15 ani care vor supraviețui până la 60 de ani este de numai 87%, față de 91% în Croația și 95% în Suedia, de exemplu. Dar poate mai important este ce se întâmplă cu acești ani „suplimentari" de viață. Or, din acest punct de vedere, speranța de viață sănătoasă pentru persoanele de peste 65 de ani, așa ca mine, era în 2014 de 5,7 ani la femei și 5,9 ani la bărbați. Altfel spus, dacă femeile care au împlinit 65 de ani au în fața lor, în medie, încă 18 ani de viață, numai puțin peste 5 ani vor fi petrecuți, probabil, fără probleme serioase de sănătate. În cazul bărbaților de 65 de ani, care se pot aștepta la încă 14,68 de ani de viață, doar 5,9 vor fi trăiți într-o stare acceptabilă de sănătate.

Alte cifre din *Country Health Profile 2017* m-au pus însă și mai mult pe gânduri. Ceea ce se înregistrează statistic drept *amenable mortality*, adică mortalitatea „evitabilă”, atinge cele mai ridicate cote în România: este cea mai mare din Europa în cazul femeilor și pe antepenultimul loc în cazul bărbaților, după Letonia și Lituania. În jur de 54.000 de decese care puteau fi evitate în 2014 – și asta doar în termeni administrativ-statistici identificabili. Să fii campioana continentală la „morți evitabile” – cum vă sună?

Am vrut să aflu mai multe și să înțeleg mai bine, drept care am aruncat un ochi și pe *Euro Health Consumer Index* (*EHCI*), care este mult mai analitic, urmărind excelența ofertei medicale pentru pacienți, într-o diversitate de dimensiuni ale acesteia, de la eficiența generală a spitalizării la timpul de așteptare pentru tratament și educarea pacienților. Sunt șase subdomenii, având fiecare între 7 și 11 indicatori. Nicio țară nu poate să exceleze în toate privințele și nu toate dimensiunile au aceeași pondere în acoperirea nevoilor pacienților, însă *EHCI* permite atât evaluarea unui nivel general de excelență, cât și performanța în aproape cincizeci de domenii de activitate. Ei bine, România a pornit în 2007 cu un scor general de 488 de puncte, plasându-se pe locul 27 în Europa; în 2012 se afla pe locul 32, cu 489 de puncte, iar în 2017 a coborât pe ultimul loc, cu 439 de puncte. Însă cel mai edificator pentru politica sanitară din România este, poate, faptul că țara noastră e singura care nu excelează în nici măcar unul dintre multiplele domenii ale asistenței medicale luate în calcul, care nu a venit în ultimii ani cu nicio inițiativă viabilă și de durată, menită să îmbunătățească serviciile medicale măcar în acea privință particulară.

Dincolo de statisticile propriu-zise, e ceva trist în datele acestea: miroase a delăsare, a dezinteres – sau, acolo unde cifrele sugerează totuși că s-a făcut ceva, a neisprăvit, căci se vede imediat unde „s-au terminat banii". Iar banii se termină, de obicei, odată cu mandatul – care, ca și în sistemul de educație, durează, în medie, cam zece luni: și totul miroase a neîmplinit, a improvizație. Nu, cifrele astea nu sunt triste pentru că ne arată permanent că suntem codașii Europei, ci pentru că sugerează o tendință și mai gravă: devenim codași față de noi înșine, scădem pe an ce trece sub resursele și performanțele anterioare – și nimănui nu-i pasă! Ca și sistemul de educație, sistemul de sănătate nu pare să fi fost vreodată o prioritate reală pentru vreuna dintre guvernări... Sau, mai rău, fiecare guvernare, ministru sau primar municipal cu ambiții mai mari vin cu propria viziune. Și astfel, la un moment dat, se desființează 67 de spitale după anumite criterii, apoi se redeschid câteva dintre ele, după alte criterii, 21 se transformă, după altă logică, în cămine de bătrâni, 29 rămân dezafectate și se degradează în virtutea Dumnezeu știe căror criterii. Pe de altă parte, fiecare partid promite spitale mărețe în campanie – de preferință, un complex mai mare decât nu știu ce spital european de referință (celebrul AKH din Viena, de pildă, în cazul PSD-ului); majoritatea rămân pe hârtie pentru simplul motiv că sunt mult prea ambițioase și, de fapt, nu răspund nevoilor reale de asistență medicală; unele încep să se ridice, dar se opresc repede, pentru că s-au terminat banii; în sfârșit, altele, puține, devin ctitorii remarcabile, bine-venite, desigur, dar care rămân un soi de „monumente" într-o textură urbană destrămată. Și impresia este din nou de improvizație, de pâine și circ, de tembeleală: în continuare, sistemul de asistență medicală este total incapabil să devină un *sistem*!

Senzația de neisprăvit. Cred că este primul sentiment pe care îl resimt mai toți pacienții la intrarea în majoritatea instituțiilor publice de asistență medicală din România. Nu neapărat mizerie, ci un sentiment mult mai complex, de neisprăvit și improvizat, de ceva care poate a funcționat cândva, dar acum abia mai gâfâie, de reabilitări întrerupte la jumătate, căci s-au terminat banii; și de mizerie umană, de sărăcie, frică, agresivitate... Pe scurt, nu-ți prea vine să intri în toate aceste instituții spitalicești nici măcar atunci când știi că n-ai încotro...
Când am intrat în spital, am avut o ciudată senzație de déjà-vu...

Public sau *privat*?

Există o alegere preliminară oricărei decizii de a-ți îngriji sănătatea: la stat sau la privat? Dacă nu știi deja un doctor bun la stat la care să te duci direct, oamenii aleg cam după aceleași criterii: dacă ai bani, mergi la o clinică privată; dacă nu, te duci la stat. Diferența este uriașă – și nu este vorba doar de preț sau de confort, nici de profesionalism, căci, în majoritatea cazurilor, medicii sunt aceiași la stat și la privat. Este vorba despre însuși statutul tău: la stat ești *pacient*, la privat ești *client*. Și într-un caz, și în celălalt, ai aceleași drepturi formale la îngrijire, doar că, în calitate de client, dreptul tău este de genul *cash & go*; ca pacient, *no cash & wait*. Chiar și experiența bolii este diferită în cele două universuri.

Cu câteva luni în urmă, fusesem într-o clinică privată pentru o operație devenită banală. Și așa a rămas: o experiență banală, simplă, aparatură de ultimă generație și servicii impecabile. Ceea ce mă șochează acum, privind retrospectiv, este faptul că nu țin minte nicio asistentă. Erau toate precum stewardesele, corecte și egale cu ele însele, astfel încât nici nu am observat dacă au fost mai multe, dacă s-au schimbat între ele sau dacă una era mai grijulie sau mai bună decât alta. Într-un spital public, primul lucru pe care îl înveți este să faci diferența între asistente, căci de acest lucru ar putea depinde însăși viața ta. În orice caz, nu se comportă două la fel...

Cu amintirea clinicii private încă proaspătă în memorie, sunt mai multe lucruri care mă impresionează în primele zile, când aștept, pe culoare sau alei, rezultatele. În primul rând, în mod *vizibil*, populația nu este aceeași. Mă uit ore în șir la sarsanalele care încep să umple spațiile în orele de vizită, la cum sunt îmbrăcați oamenii și mai ales la posturile pe care le au în fața autorității: în mod clar, majoritatea nu se simt într-un spațiu primitor, subiecți firești ai unor drepturi indiscutabile. În mod cert, întâlnești mult mai multă „clasă de jos” decât „clasă de mijloc” (de „clasă de sus” nici nu poate fi vorba!). Aveam să constat foarte repede că și cele două restaurante (incomparabil mai *patient-oriented* decât tot sistemul de sănătate din România) sunt specializate pentru bolnavi *lower class*, respectiv *middle class*. În orice caz, nu vezi picior de *upper class*, deşi uriaşul complex spitalicesc în care mă aflu chiar este tot ce poate da mai bun sistemul public de sănătate din România. Uneori îşi fac apariţia şi *pretenders*, parveniţii, care nu concep să fie trataţi altfel decât *upper class*. Fac scandal mai ales prin parcare, dar cedează brusc în faţa primei seringi sau a primului bisturiu.

Ceea ce mă impresionează este faptul că e plin de bodyguarzi, mă rog, un serviciu privat de pază, care arată de parcă ar avea de apărat integritatea guvernului. E de făcut ceva ordine la orele de vizită, când dau toţi buzna în curte cu maşinile şi sarsanalele, e adevărat, dar cam atât. Pe cine vor să impresioneze deci? Spitale bine păzite...

— Alo, băiatu', matale lucrezi aici, la spital? se răsteşte un tip din serviciul de pază al spitalului, costumat în broscuţele ninja, la un domn care scoate capul năucit de somn dintr-o maşină cu număr de Suceava. Şi tot impozantul bodyguard dă şi răspunsul corect: Vezi că e acolo ditamai parcarea!

— Ei, şefisme, unora le place să facă pe şefii, m-a avertizat un alt bodyguard.

Mă uit şi sunt cuprins de presentimente sumbre. Viitorul pacient a fost astfel deja avertizat: Lasciate ogni personalità, voi ch'entrate! *Mâine îmi vine mie rândul să mă internez...*

A doua zi dimineaţă, asist însă la o scenă care avea să se repete, în diverse variante, de numeroase ori: un „barosan" într-un BMW intră pe la şapte în

curtea spitalului, fără să se uite nici în dreapta, nici în stânga, cu manelele date la volum maxim, de trezește toți pacienții care nu erau încă treji la ora aia. A fost nevoie de trei bodyguarzi și jumătate de oră ca să fie pus la respect în cel mai ferm, dar și cel mai civilizat mod cu putință. Cu alte personaje și alte mașini, scena s-a repetat de nenumărate ori. Se pare că lucrurile nu sunt niciodată doar așa cum par de prima dată...
Spitale bine păzite... Da, e important și asta!

De fapt, demografia acestui sistem de sănătate reproduce, inevitabil, inegalitățile sociale din țară. Din 2010, acestea au crescut sistematic și ne plasează pe primul loc al inegalităților sociale din Uniunea Europeană (în 2017, cei mai bogați 20% dintre români au câștigat de opt ori mai mult decât cei mai săraci 20%). Dintotdeauna, decalajul urban-rural a fost uriaș, sărăcia satului fiind mortală la propriu în cazul sănătății. Cei care au bani alcătuiesc cei aproximativ 4% dintre pacienții internați anual în clinicile private. Ceilalți se distribuie, în mare măsură, în funcție de poziția lor socială, de la marile clinici universitare din marile orașe la cei care rămân la dispensarul comunal. Șanse egale? Să fim serioși!

În ceea ce privește serviciile publice de sănătate, acestea au, evident, un ritm mult mai alert de dezvoltare. Între 2015 și 2017, de pildă, Ministerul Sănătății și Institutul Național de Statistică (INS) au raportat creșterea numărului de unități spitalicești de la 554 în 2015 la 576 în 2017; dacă privim însă mai cu atenție, observăm că toate cele 22 de unități nou-construite sunt private, nu publice. Și noul și marele spital Filantropia din Craiova? El există, desigur, și este o excelentă realizare, doar că în septembrie a fost numai o „semiinaugurare", în prezența ctitorilor Olguța Vasilescu și Liviu Dragnea. Departe de mine gândul de a subaprecia în vreun fel această construcție și utilitatea ei! Dar cum o iei, cum o sucești, rămâne una la părinți, chiar dacă mândră-n toate cele. Iar această certă reușită nu ne poate face să uităm numeroasele eșecuri în utilizarea banilor europeni deja repartizați pentru construcția unor spitale prioritare pentru România.

Între timp, privatul compensează o parte din lipsurile sistemului de stat. Tabelul de mai jos, cu doar o mică parte din datele disponibile, ne permite să ne formăm o idee:

Unități sanitare	Total	Proprietate publică	Proprietate privată
Spitale	567	366	201
Policlinici	146	9	137
Ambulatorii de specialitate	108	42	66
Ambulatorii integrate spitalului	361	331	30
Dispensare medicale	187	187	–

Sursa: INS 2016

Numărul spitalelor a crescut, dar adresabilitatea nu a crescut și ea proporțional: rămâne pe undeva în jurul celor 4% din *upper class*. În schimb, policlinicile private le-au înlocuit, practic, pe cele de stat și sunt accesibile și unor categorii sociale mai „modeste". Desigur, sistemul public are „cabinetele individuale" ale medicilor de familie, dar cum acest sistem, care se tot schimbă de la un ministru la altul, nu prea funcționează, la aceste „cabinete" ajung fie doar cei mai nevoiași, fie cei care au pur și simplu nevoie de un bilet de trimitere. Iar când ajung, soarta lor ține tot de noroc: medicul de familie ar putea să fie sau nu, să-i consulte cu grijă sau nu... În mod paradoxal, triajul de facto se face astfel dinspre spital spre medicul de familie, și nu invers, cum a fost conceput sistemul și cum ar fi normal.

*

La baza acestui clivaj public-privat se află o veche dilemă (sau opțiune) de filosofie politică și, prin urmare, de politici sanitare: este sănătatea un *drept* sau un *bun*? Serviciile sanitare constituie un bun comun al tuturor oamenilor (cetățenilor) sau sunt pur și simplu servicii, obligatorii, desigur, dar care se încadrează în logica economiei de piață? De când sănătatea – respectiv serviciile de sănătate – costă tot mai mult, această opțiune nu mai este (doar) una moral-politică, ci ține din ce în ce mai mult de ideologia și economia unei țări.

În Europa, operaționalizarea acestor opțiuni s-a făcut, *grosso modo*, urmând fie linia modelului Bismarck, fie pe cea a modelului Beveridge, chiar dacă nicio țară nu a instituit vreodată o versiune „pură" a acestor modele, ci a elaborat diferite combinații, cu doze diferite de elemente „de stânga" și „de dreapta". Important e că le-a elaborat și s-a ținut de ele măcar o vreme, făcând, în timp, amendamente mai mult sau mai puțin importante, mai mult sau mai puțin fericite. În unele cazuri, în anumite țări s-au câștigat și s-au pierdut alegeri pe această temă. În România, nimeni nu a elaborat nimic, în afara lozincii transpartinice de „reformă". A fost exact ca acel banc despre Ceaușescu când cu invazia Cehoslovaciei: a semnalizat dreapta și a luat-o la stânga. A fost exact ca în agricultură, unde nu s-a elaborat niciun model agricol pe care România să-l urmeze. A fost exact ca în domeniul patrimoniului, care este garantat de stat, dar oricând privatizabil. A fost la fel ca în educație, aflată și ea într-un permanent proces de „reformă": cam un ministru pe an începea să reformeze sistemul de sănătate, dar fie nu știa cum, fie nu apuca, fie renunța la iluzii. Iar când și dacă cineva încerca să limpezească lucrurile, dispărea rapid din peisaj. Și în acest du-te-vino au fost luate decizii aberante și ireversibile, precum deșertificarea sanitară a sute de kilometri prin hotărârea desființării unor spitale unice în zonă. S-a întâmplat la fel ca în orice domeniu – tăierea pădurilor, distrugerea obiectivelor de patrimoniu, desființarea școlilor profesionale și așa mai departe.

Emblema acestei instabilități politice recurente o constituie Ecaterina Andronescu, care, la al patrulea mandat de ministru al Educației, declară că a avut, în sfârșit, o epifanie: „Am puterea și determinarea de la Dumnezeu pentru a aduce ceva în plus în învățământ". Noroc deci cu Dumnezeu, dragul de el!

Și uite-așa, cu Dumnezeu înainte, România a reușit să creeze un haos perfect, imagine răsturnată a Creației divine, la care îi place atât de mult să se refere...

De fapt, ca și în celelalte domenii invocate – dar poate mai clar și mai grav –, în domeniul sanitar nimeni nu a vrut să descâlcească relația ideologică și legală dintre public și privat, căci marile afaceri s-au făcut – și se fac – exact în și din această confuzie întreținută. Oamenii de afaceri pot câștiga serios din afacerile cu statul, asigurându-le și reprezentanților statului partea lor substanțială de profit; la umbra acestei confuzii, numeroși medici își pot completa veniturile într-o policlinică privată; bolnavii mai înstăriți pot visa la o îngrijire adecvată; cei mai nevoiași se mulțumesc, la o adică, doar cu acest statu-quo, principala lor temere fiind o liberalizare mai mare a sistemului de sănătate, care ar risca să le reducă și mai mult accesul la servicii medicale pe măsura propriilor venituri. Iar restul... să se descurce!

Având pile „la stat”, eu m-am descurcat și am ajuns la un mare spital public, unde am beneficiat cam de tot ce poate oferi mai bun sistemul public de sănătate din România. Ceea ce nu este însă niciodată lipsit de peripeții...

Spitalizarea

Preferăm să folosim o schemă ceva mai complexă, care inserează, între normele oficiale şi comportamentele efective, un nivel al normelor „practice". Comportamentele reale nu sunt pur şi simplu nişte devianţe faţă de normele oficiale – ele ţin, de fapt, de alte norme, nespuse, latente, pe care le vom numi norme practice. Altfel spus, comportamentele care constatăm că nu sunt conforme cu normele oficiale nu sunt pur şi simplu eretice, aleatoare, abateri de la regulă, ele sunt reglementate de alte norme, de fapt, pe care trebuie să le „descoperim". Dar această descoperire este cu atât mai dificilă cu cât aceste norme practice nu sunt neapărat conştiente, cunoscute ca atare de actori.

Cum poate fi înţeles acest peisaj de violenţă – şi mai ales cum poţi înţelege acest soi de morişcă afectivă în care treci de la o extremă neglijenţă la o extremă compasiune?

Y. Jaffré şi J.-P. Olivier de Sardan (coord.), *Une médecine inhospitalière*, Karthala, Paris, 2003

Realizez că, la 67 de ani, nu am intrat niciodată într-un spital fără tata – medic, evident. Şi, de fapt, *nu am vorbit niciodată cu un doctor în spital – oricum, tatăl meu nu m-ar fi lăsat (*Lasă, lasă, îi explic eu domnului doctor!...*). Prin urmare, sunt total infantilizat în această privință. Când am fost întrebat deci ce mă doare, m-am uitat mirat în dreapta mea și mi-a venit să replic:* Ce mă întrebați pe mine, întrebați-l pe tata! *Dar tata nu mai e, iar eu mă bâlbâi, fac glume proaste, răspund în răspăr, vreau să par spiritual și degajat, dar rezultatul este catastrofal, căci nimeni nu înțelege ce vreau să spun. Îmi lipsește cu desăvârșire „modul de utilizare" al spitalului. Noroc cu un mai tânăr prieten de-al tatălui meu, profesor și șef de clinică la pensie, care mă preia, jucând oarecum rolul acestuia. Mie mi-au trebuit câteva săptămâni până să învăț cum să vorbesc în spital.*

Primul lucru pe care îl fac românii înainte să intre în spital este să consulte „bursa șpăgilor". O consultăm și noi în familie, dar nu ne lămurim, pentru că nu prea știm ce căutăm, așa că renunțăm. Eu îmi aduc însă aminte de șpăgile „de pe vremuri" și cred că trebuie făcută o diferență între „plocon" și „șpagă". Premisa „pile și relații" rămâne valabilă, dar accesul la această rețea s-a schimbat profund. În timpul comunismului, mai ales în ultimul deceniu, chiar și pentru medici, orice pacient era potențialul posesor al unei „resurse rare", căci toate resursele deveniseră rare. Rezultatul era un soi de rețea generalizată și foarte puțin ierarhizată de reciprocități, în care intra la schimb aproape tot, de la o operație la produse de gospodărie sau acces prin spate la alimentară și de la medicamente de negăsit la meditaţii pentru copil. Veneai la doctor cu un „plocon", de multe ori în natură şi, de regulă, uşor accesibil pacientului (de la un sac de cartofi din curte la o carte râvnită din librăria unde lucrezi). De fapt, într-o economie de subzistenţă generalizată e foarte greu să vorbeşti despre „şpăgi" şi „corupţie": era mai degrabă un schimb generalizat de dar şi contra-dar, dacă vreţi (sau de furt şi contra-furt, dacă preferaţi), care ne permitea tuturor să supravieţuim. Escrocii erau escroci pe cont propriu, ca să spun aşa – şi, mai devreme sau mai târziu, erau marginalizaţi sau eliminaţi din „sistem", căci ştiau doar să ceară, nu să şi dea.

— Dumneavoastră veniţi mai de mult pe aici? întreabă o doamnă între două vârste, privind întrebător de jur împrejurul sălii de aşteptare.
Un mormăit generalizat îi dă de înţeles că da.
— Da, dar de ce? îi vine în întâmpinare un „veteran".
— Păi, nu ştiu, aici cum se poartă? întreabă doamna, uşor jenată. Ce trebuie să dau la doctor?
— Nimic! o avertizează domnul cu pricina.
— Da' aşa, un curcan?...
— Doamne fereşte, să nu faceţi o gafă de-asta!
— Da' nişte ouă de ţară, de la mine, aşa, proaspete? i se luminează doamnei ochii.
— Asta ar fi chiar culmea! zâmbeşte veteranul, imaginându-şi scena.
— Vai de mine, şi eu ce fac atunci? se îngrijorează sincer doamna.

Monetizarea „şpăgii" a schimbat radical relaţia materială pacient-medic. În prezent, accesul este mediat de șpaga în bani, o „resursă” la care unii au acces, alții, iremediabil, nu. Însă n-am să reiau aici o problemă ultracunoscută și ultradezbătută: într-un sondaj BCS (Biroul de Cercetări Sociologice) din 2019, pentru un român din cinci, principala problemă din sistemul sanitar din România rămâne șpaga din spitale. Este interesant însă că, dacă sunt întrebați, cam 80% dintre pacienți spun că au dat bani asistentelor, mult mai puțini doctorilor, dar numai vreo 5-10% declară că li s-au cerut bani. Între *dat* și *cerut*, natura reală a „șpăgii” rămâne încă o problemă deschisă.

— S-ar putea să mă dea afară din spital...

— Exclus, nu poți să fii dată afară din spital! se revoltă Ana înainte să știe despre ce este vorba. Dar ce s-a întâmplat? revine ea, mai prudentă.

— Medicul de salon, mă rog, medicul meu curant, mi-a cerut să-i dau lui banii de medicamente, că mi le cumpără el de la farmacie.

— Poftim? Și ce-ai făcut?

— Păi, m-am uitat în ochii lui și i-am spus că-i mulțumesc frumos, dar nu e nevoie, pot să mi le cumpăr și singură de la farmacie.

— Dacă înțeleg bine, el putea să ridice toate medicamentele astea gratis, de la farmacia spitalului?...

— Evident!

— Și de ce spui că s-ar putea să te dea afară din spital?

— Ei, nu chiar să mă dea afară, dar mi-a transmis printr-o asistentă că mâine mă mută în alt salon, de opt, cu încă o femeie în pat. S-ar putea să plec eu, chiar dacă nu mă dă el afară...

*

La internare, toţi se află în faţa celei de-a doua bifurcaţii. Nu i-aş spune alegere, căci puţini au de ales. E mai degrabă un soi de sens giratoriu, ca să spun aşa, în care toţi intră pe aceeaşi autostradă, dar ies, pe rând, după posibilităţi, pe prima, a doua, a treia străduţă; iar unii rămân prinşi în acest giratoriu de triaj zile, săptămâni, luni întregi. Prima stradă pe dreapta le este rezervată *pacienţilor*, adică celor care au ajuns acolo din partea cuiva: „pacienţii" sunt, cu toţii, pacienţii cuiva din spital şi sunt dirijaţi pe sensul giratoriu în funcţie de rangul acelui „cineva". Cu toţii sunt însă *pacienţi privilegiaţi*. Pe străduţele următoare sunt distribuiţi bolnavii, „simplii" bolnavi, *bolnavul anonim*. Bolnavul anonim vine înarmat doar cu „trimiterea" de la medicul de familie; pacientul privilegiat este trimis direct de şeful de clinică sau este chiar însoţit de acesta. Sunt două lumi în care se intră pe două uşi diferite.

Eu am intrat în sensul giratoriu ca „pacient privilegiat". Şi, ca să fie clar de la început, am avut parte de cel mai bun tratament, atât profesional, cât şi uman, din ceea ce poate oferi sistemul sanitar de stat din România. Nu am trăit deci experienţa „bolnavilor anonimi" şi, într-un fel, nu am dreptul moral să vorbesc despre ea. *Ce ştii tu?* – mi se poate reproşa, pe bună dreptate, oricând şi de oricine a trecut prin această experienţă. Dar nimeni nu m-a împiedicat să mă uit şi la cei din jurul meu şi să mă gândesc la ceea ce am văzut. Pe de altă parte, până la urmă, toţi devin „bolnavii noştri".

STRIGĂTUL

A fost pe la patru, patru şi un pic dimineaţă. Un urlet prelung în noapte. Numai o femeie poate transmuta durerea într-un asemenea sunet, care nu mai are nimic uman în el. Ne-am trezit cu toţii, cred, deşi din patul meu nu-l puteam vedea decât pe domnul Dumitraşcu. Acesta s-a ridicat după o vreme şi a închis fereastra. Strigătul din noaptea întunericului a rămas însă închis în salon şi s-a învârtit năuc printre paturi până la răsăritul soarelui.

Marea diferenţă dintre privilegiaţi şi anonimi este timpul: ierarhizarea lor se face pe o scală temporală ce merge de la „imediat" la „aşteptaţi puţin", apoi „aveţi răbdare", „mai târziu", „altă dată", „mai vedem" şi, acolo unde se termină timpul, fatalul „nu se poate". Pentru primii, analizele se fac imediat şi rezultatele vin rapid. Spre capătul cozii, programarea pentru analizele mai complicate se poate face şi peste câteva luni; cât despre rezultate, „vă spunem noi când sunt gata".

Într-o zi, aşteptând să intru la nişte analize, am asistat la următorul monolog al unui domn şugubăţ:
— Ei, îmi pare bine să vă revăd după trei luni, văd că mai sunteţi în viaţă!
Cele 10-15 persoane care aşteptau tăcute pe scaune nu au părut să-i guste gluma. Înţeleg că fuseseră programate toate, în urmă cu trei luni, la acest

cabinet mai special, din altă secţie, unde mă aflam şi eu acum.

— Păi, în trei luni, cât te programează ăştia pentru o urgenţă, ai tot timpul să te răzgândeşti şi să mori! îşi continuă domnul cu pricina ditirambii. Eu, dacă mă mai amână o dată, mă duc direct la cimitir şi aştept acolo...

Eu am fost chemat în cabinet înaintea lor pentru că eram deja un bolnav internat, trimis la analize cu căruciorul...

Insuportabilă în această ierarhizare – de fapt, birocratică – nu este atât anularea principiului egalităţii dintre oameni (în fond, am putea spune, egalitatea de şanse nu poate acoperi şi egalitatea şanselor de sănătate sau de moarte), cât instituirea unei ierarhii arbitrare a demnităţii umane: fiinţe (bolnave) cărora li se oferă o recunoaştere imediată a suferinţei sau, dimpotrivă, demne doar de o recunoaştere amânată, eventual una *sine die*. Când treci însă, ca pacient privilegiat, prin faţa acestor oameni înşiraţi pe scaune în funcţie de timpul de aşteptare atribuit, îţi vine să renunţi, să te aşezi în genunchi şi să ceri iertare. Dar n-o faci, n-am făcut-o, am închis doar ochii şi am strâns din dinţi: egoismul în faţa propriei morţi este totuşi greu de învins!

Cea mai insuportabilă întâmplare de acest gen am avut-o când a făcut mama cancer – îmi povesteşte la telefon, când îi evoc cele de mai sus, un prieten bun, care a lucrat multă vreme într-un spital. Îţi dai seama, am internat-o la noi şi pe urmă am mers cu ea peste tot, la toţi medicii şi la toate analizele. La un moment dat – n-o să uit asta cât oi trăi! –, am trecut pe lângă o doamnă mai în vârstă, mă rog, ceea ce se cheamă o Doamnă, care m-a atins uşor când treceam pe lângă ea ca să intru în cabinetul doctorului. „Nu te supăra, tinere, dar eşti a şaptea persoană în halat care intră fără să bată la uşă, iar eu stau aici de trei ore şi nu mai pot!" Mi-a spus-o calm, oarecum fără reproş, dar cu o nesfârşită oboseală în glas. M-am oprit, am tăcut un minut, apoi m-am apropiat de ea: „Da, aveţi dreptate – şi este cumplit! Dar este Mama! Ce să fac, este mama... Dacă aţi fi mama mea, nu v-aţi aştepta ca băiatul dumneavoastră, care este medic, să aibă grijă de dumneavoastră?". A dat din cap şi a zâmbit vag, resemnată. Sigur, m-a înţeles, era şi ea mamă, probabil, dar asta nu m-a ajutat cu nimic...

Internarea, un rit de trecere

Într-adevăr, spitalul reflectă societatea, este societatea în mic, şi este greu să-l înţelegi în intimitatea funcţionării sale – şi deci a experienţei tale spitaliceşti – dacă nu faci un minim du-te-vino între societatea în care trăieşti, sistemul sanitar căruia trebuie să i te supui, chiar dacă nu ştii mai nimic despre modul său concret de funcţionare, şi spitalul în care ai ajuns, uneori din întâmplare. Dar există cel puţin o diferenţă fundamentală între un simplu membru al societăţii şi unul „spitalizat": spitalul este un *spaţiu concentraţionar*.

Desigur, în principiu, el este cel mai „hospitalier" spaţiu concentraţionar – dar chiar şi aşa „cu chip uman" cum o fi el, tot păstrează ansamblul caracteristicilor unei „instituţii totale" în accepţiunea lui Goffman: „O instituţie «totală» poate fi definită drept un loc unde îşi desfăşoară activitatea un număr mare de indivizi cu statut similar, despărţiţi de restul societăţii pentru o perioadă de timp apreciabilă, şi care duc împreună o viaţă strict delimitată, reglementată oficial de instituţii". Mai concret: odată ajuns în spital, te îmbraci cum ţi se spune, mănânci ce ţi se spune, te aşezi unde ţi se spune, faci ce ţi se spune şi ieşi dacă şi când ţi se spune. În universul Spitalului nu există *piua*! A fost lucrul cu care mi-a fost cel mai greu să mă împac. Drept care am căutat tot timpul câte o „piua", oricât de fantasmatică ar fi fost ea...

*

Toţi au impresia/speranţa/convingerea că intră în spital bolnavi şi ies sănătoşi. De fapt, este invers: până la poarta spitalului, până la uşa biroului de internări, eşti încă un om sănătos, eventual suspect de boală, dar vii din lumea liberă a oamenilor sănătoşi. Din momentul în care ai intrat însă în biroul de internări, ţi-ai pierdut acest statut: bun venit în universul carceral al pacienţilor! De aici vei reveni (să sperăm...) în lumea de afară nu ca om sănătos, ci ca fost pacient, fost bolnav de ceva ce te va însoţi toată viaţa, atât în intimitatea ta, cât şi în poziţia ta socială, precum şi administrativ, sub forma unei fişe medicale.

Internarea este, evident, un *rit de trecere*. Îmi aduce aminte de „datul pe fereastră" care se practica la țară și la care am asistat de câteva ori în Gorj. Era un ritual de vindecare, căci se referea la copiii mici și bolnavi pe care nimeni nu reușea să-i vindece. Ca să nu-l mai găsească „duhul bolii", mama copilului bolnav îl „vinde" unei vecine, care va primi copilul peste geam, prag sau gard și îi va schimba numele. Ritualul urmează integral schema lui van Gennep: un rit de separare prin care Ionică se desparte de mama sa, apoi un moment liminal, cel al pragului, între cele două lumi și identități, și, în sfârșit, un rit de integrare într-o lume în care vecina este noua mamă, Ionică a devenit Vasilică, iar boala nu-l mai poate găsi.

Același lucru se întâmplă și la internare: odată cu biletul de trimitere, cu drumul spre spital, începe ritul de separare de lumea de afară, în care tu erai Mihăilescu; în jurul biroului de internări te afli deja în spațiul confuz al liminalității, în care ești depersonalizat; când (și dacă) reușești să ieși din acest limbo, iei calea ritului postliminal de integrare: bine ai venit din *Lumea ta* în *Spitalul nostru*! Intri Mihăilescu și, la capătul ritului, te regăsești pacientul/bolnavul 22B. Indiferent cine și ce ai fost înainte de internare, aici și de acum încolo nu mai ești: trecerea dintr-un spațiu în altul este însoțită, ca în toate aceste rituri, de o schimbare de status, de personalitate, de identitate. Îți vei regăsi, desigur, numele, dar nu și statutul, nu identitatea. Mai mult, este un ritual de trecere regresiv, căci internarea este, automat, și o degradare: îți pierzi autonomia, dintr-o persoană independentă devii una dependentă, ești pur și simplu într-o altă castă, una clar şi explicit inferioară. Depinde apoi de tine dacă şi cât de „tolerat" vei fi în lumea nouă a Spitalului. Este vorba însă şi de o regresie în sens psihanalitic: dependenţa impusă de sistemul spitalicesc infantilizează – şi, astfel, toţi pacienţii tânjesc (inconştient, desigur) după căldura unei protecţii materne. Cu cât îşi vor găsi mai repede o *Mami* printre asistente, cu atât le va fi mai bine!

Prima parte a ritului de trecere, separarea, are loc în jurul biroului de internări, unde îţi depui „dosarul". După care aştepţi... Procesul este, mai presus de toate, unul pur administrativ, acelaşi pentru toată lumea. În mod material şi simbolic, la sfârşitul acestui ritual birocratic ţi se iau toate „posesiile" identitare: fişa de trimitere devine fişă de internare, iar pe baza ei vei fi plasat într-un salon. Înainte de aceasta însă, aştepţi din nou, iar aşteptarea în acest limbo liminal, în care nu mai eşti tu, cel cu identitatea ta de om liber şi sănătos, dar nici pacientul X, este angoasantă. Într-un sfârşit, eşti „repartizat": părăseşti casa ta şi te aşezi în salonul lor, în patul lor, pe closetul lor, în cantina lor, toate aceleaşi pentru toată lumea, laşi hainele de dincolo şi iei pijamaua de aici, poţi să-ţi ţii minte numele, desigur, dar aici eşti pacientul *x* din salonul *y* şi, mai ales, eşti boala cutare. Din acest moment, începe ultima parte a ritului de trecere, dificilul ritual de agregare, de reintegrare socială, dar în noul spaţiu, cel al Spitalului. De fapt, procesele de separare de „lumea veche" şi de agregare, de integrare în „lumea nouă" vor continua în paralel multă vreme, cu şanse oscilante de izbândă a unei „integrări" reale. Deocamdată însă e angoasant: te-ai pierdut, te simţi pierdut...

Evident, cei mai mulţi nu vor să recunoască lucrul ăsta şi intră imediat într-o hiperactivitate care să anuleze această derută. Se potolesc însă relativ rapid...

— Dar vă spun, de la Municipal m-au trimis cu mama la dumneavoastră, v-am arătat biletul de trimitere...
— Nu aveau de ce s-o trimită la noi, puteau să facă puncţia asta şi acolo. Doar aşa, ca să nu moară la ei, să moară la noi!
— ?!...
— Nu ştiu, veniţi luni, acum e vineri, nu vă mai face nimeni o puncţie. Veniţi luni şi mai vedem... Oricum, să nu avem discuţii, rezultatele vin într-o săptămână, două!
— Doamna doctor, uitaţi-vă şi dumneavoastră, mama nici nu se mai ţine pe picioare!...
— Şi acum ce vrei, să o ţin eu în cârcă?

Culoare lungi şi întunecoase, lume multă, scaune de-a lungul pereţilor, camera de gardă, pungi din care se ivesc pijamale şi prosoape, biroul de internări, alte culoare lungi şi aglomerate, camera de gardă, dau să mă ridic şi să mă aşez afară, pe un scaun, să fiu „repartizat"... Nu mai ştiu unde mă aflu...

— Stai, bre, unde ţi-a zis doamna doctor să stai! se răsteşte la mine domnişoara în grija căreia fusesem lăsat.
Mă uit la tinerica asistentă din faţa mea. Îşi face ochii şi este, de fapt, prietenoasă. În felul ei... Este ceva ce-mi scapă, dar mă aşez pe scaun şi aştept.

— Mamaie, nu înţelegi că nu mai avem locuri?

— Aşa m-au trimis de la noi de la dispensar... doamna doctor Florescu... aşa mi-a zis, să vin aici cu trimiterea asta...

— Nu ţi-a zis bine!

Bătrânica scoate încet o tabletă de ciocolată dintr-o geantă veche şi o întinde asistentei de la internări.

— Ei nu, că asta-i culmea!

Asistenta îi smulge ciocolata din mână şi o aruncă la gunoi.

— Hai, mamaie, gata, ieşi afară!

Bătrâna se ridică încet şi se îndreaptă spre uşă. Are ochii goi.

Eu mă întorc cu faţa către perete ca să nu mi se vadă lacrima din ochi. La dracu'!...

„Integrarea" nu este nici ea mai lină sau mai puţin stresantă decât ritualul de despărţire şi liminalitatea din jurul camerei de gardă şi al biroului de internări. Depinde, în mare măsură, unde şi cu cine nimereşti.

Luarea în stăpânire a spaţiului comun al saloanelor este ceva mai invazivă: unora le place cald, altora le place rece, unii vor linişte, alţii muzică, unii se uită la meci, alţii la telenovele... Şi, un mic detaliu, unii sforăie, iar alţii nu...

— Sunt oameni şi oameni, îmi povesteşte un asistent. De obicei se ceartă pe televizor: că eu vreau fotbal, ba eu vreau telenovelă, ba eu vreau să dorm!... Se ceartă şi pe frigider, că nu mai am eu loc de sarsanalele tale! Acum, că a venit toamna, or să se certe şi pe calorifere, ba că e prea cald, ba că e prea

frig. Anul trecut, unul s-a enervat că i se părea prea cald, aşa că a adus un cleşte de acasă şi a închis caloriferul – gata, l-a închis de tot. Peste noapte, altă persoană din salon a făcut frisoane şi a chemat medicul de gardă – şi să te ţii scandal!

— Nu aţi auzit scandalul de azi-noapte? ne întreabă o asistentă. S-au certat doamnele de la 22A, că una dintre ele a aprins televizorul la 11 noaptea, că voia să se uite la telenovela ei preferată. „Doamnă, dar e târziu, poate că unele dintre noi vor să doarmă...", i-a atras atenţia doamna Sorica, o ştiu, e o doamnă mai finuţă. „Da' de când îmi spui tu mie ce să fac?!", a sărit aia cu telenovelele. „Tu să faci ordine la tine acasă, nu aici!"

— Şi ce-aţi făcut? întreb eu, curios.

— Nimic, ce să facem, nu ne băgăm în certurile dintre pacienţi, nu e treaba noastră! îmi răspunde asistenta. E un fel de regulă nescrisă...

Ba este exact treaba voastră! îmi vine să-i răspund, dar... nu-i treaba mea.

La fel ca în armată, ca în puşcării, de obicei tot cel mai „vechi" din spital este cel care câştigă aceste lupte interne: există întotdeauna un „veteran" al salonului, care face legea. Dar există şi o bursă a pacienţilor înţelegători, care se discută pe culoare şi care alimentează un interesant „schimb de locuinţe" intraspitalicesc: *Încearcă să te muţi repede la 322, e doar Vasilescu, îl ştii, şi a mai venit azi un domn foarte de treabă*, l-am auzit odată, în lift, pe un pacient spunându-i altuia.

*

Intermezzo: Aparţinător

Cel mai „captivant" termen care însoţeşte spitalizarea este neobirocraticul „aparţinător". Un cuvânt captivant, căci te ţine captiv într-o reţea de sensuri contrare, confuze, care sfârşesc într-o lipsă totală de sens: ce vrea să spună acest substantiv inexistent în limba română, cine aparţine cui şi în ce mod, în acest adjectiv sub acoperire, ce semidoct a putut scoate din mintea sa fudulă această revoluţionare a sistemului de organizare a serviciilor medicale din România?

Oh, Ana, dacă acest cuvânt sibilinic ar fi existat acum cincizeci de ani, poate că te-aş fi declarat, donquijotesc, „Divina mea aparţinătoare!". Acum mai bine m-aş abţine, de teamă să nu mă pomenesc (cam pe bună dreptate, ce să zic) cu un proces din partea primului grup mai vigilent de feministe: Machist-patriarhalistule, vrei ca femeia să-ţi fie în continuare „aparţinătoare"? Hm, un avocat-filolog bun m-ar putea scoate însă basma curată; căci aşa cum este construit, acest ingenios cuvânt ar putea să însemne exact inversul său – şi atunci eu să aparţin aparţinătoarei mele, care îmi este chiar şi soţie...

După cum remarca şi Stelian Dumistrăcel în *Ziarul Lumina* din 2010, „substantivul *aparţinător* apare în mass-media în fraze de tipul «I.P. susţine că aparţinătorii pacientului grav bolnav şi-au scos ruda din spital». Sensul acestui cuvânt ne provoacă faţă de contexte în care adjectivul corespunzător păstrează intactă legătura cu verbul de la care este derivat («a aparţine», «a face parte din...», «a fi al cuiva»), ca, de exemplu, în rezumatul unui contract: «Modernizare strada Uliţa Mare, sat Cristur, aparţinător municipiului Deva». Păstrând regula de analiză, ne întrebăm oare cum se poate imagina ca mai multe persoane sau indivizi să fie părţi ale cuiva (în cazul de mai sus, ale pacientului!)?". Mă depăşeşte...

În orice caz, un lucru rămâne clar: această utilizare inedită a limbii române este o altă punte de legătură – am putea spune „organică" – între sistemul românesc de sănătate şi restul spaţiului public din România: peste tot se vorbeşte aceeaşi limbă...

*

Toate acestea ar putea fi rezumate într-o frază cu iz metafizic: spitalizarea îţi schimbă cadrul spaţio-temporal. Spaţiul şi timpul, aceste coordonate universale pe care nu prea le luăm în seamă câtă vreme rămân cele ale obişnuinţelor noastre de viaţă, aşa cum nu prea luăm în seamă nici respiraţia, câtă vreme ea îşi vede liniştită de treaba ei. Dar când eşti scos brusc din spaţiul tău şi îţi dai seama că timpul nu mai ascultă de tine, intri în panică într-un mod similar cu acela în care, dintr-un motiv oarecare, simţi că nu mai poţi să respiri.

Dacă schimbarea spaţială este mult prea evidentă, cunoscută, previzibilă (cam ştim la ce să ne aşteptăm când mergem într-un spital), modificarea temporalităţii nu este previzibilă şi nu prea este luată în seamă. Or, spitalizarea aşază timpul sub semnul *aşteptării.*

Timpul „normal", timpul cotidian rămâne în lumea de unde vii, „pre-liminală", şi un alt timp, „post-liminal", îi va lua locul: un timp nefiresc, „artificial" într-un mod greu de explicat. În plus, în sistemul de sănătate din România, aşteptarea este *imprevizibilă*: nu ştii unde, nu ştii cât, de multe ori nu ştii nici de ce, dar aştepţi. „Aparţinătorii" intră şi ei, parţial, în acest joc, căci de multe ori cade în grija lor să rezolve tot soiul de certificate, adeverinţe, confirmări, trimiteri, ştampile etc. Şi aşteaptă, la rândul lor, peste tot, tot timpul. Şi pentru unii, şi pentru ceilalţi, nu atât aşteptarea în sine este greu de suportat şi de gestionat, cât mai ales lipsa de previzibilitate a acesteia. Dar mai este ceva de care îţi dai seama doar... cu timpul. Pervertit în aşteptare, timpul se goleşte de conţinut şi trebuie „umplut": umple-ţi timpul, umple-ţi mintea! – mă imboldeam eu în fiecare dimineaţă. Chiar şi când am ajuns acasă pentru suficiente zile încât să fac lucruri pe care mi le doream şi care erau independente de spital, această senzaţie de „umplutură" persista undeva într-un colţ al minţii mele: sentimentul că, de fapt, nu-ţi petreci timpul cu sens, ci doar îl umpli cu ceva, cu orice.

— Uită-te la el, e vraişte, săracu', nu mai e nimic întreg în el şi vrea să iasă singur, aşa, să se plimbe în parc!...

„Păi, tocmai de aceea!", o contrazic eu pe asistentă în sinea mea, în timp ce aceasta mă împinge în cărucior pe culoarele spitalului. Mai apuc să-l văd pe pacientul cu pricina ieşind pe poartă ca mânat de un fototropism iremediabil, ridicând o mână în

extaz de parcă ar vrea să salute cerul şi apoi împleticindu-se şi căzând într-o rână.

— V-am spus eu, v-am spus eu! repetă asistenta. Acum să vedeţi ce-o să-i facă directorul lu' Flori – e pe secţia ei! A mai fost unul zilele trecute, tot aşa, a ieşit fără să-l vadă nimeni, să se plimbe – să mai ia aer, cică –, şi l-au recuperat de la reanimare, nu ştia nimeni ce-i cu el. Şi bineînţeles că noi suntem de vină. Altul a plecat să-şi ia medicamente de la farmacia de afară şi dus a fost, a mers acasă, că-i era dor. I-o fi fost lui dor, dar pe biata Vali au dat-o atunci afară din spital, şi-a pierdut slujba! Ce ştiu ei, vor la iarbă verde, da' pe urmă noi plătim oalele sparte!

Mai în profunzimea acestui timp al aşteptării curge, de multe ori mută, „marea aşteptare": *când (şi cum) voi ieşi de aici*. Zilele se înşiră una după alta, în aşteptarea a ceva ce va să vină, dar încă n-a venit, şi astfel îşi pierd consistenţa, aşa că ai impresia că timpul ţi se scurge printre degete. Chiar când am ajuns să stau acasă mai multe zile, eram în aşteptarea zilei în care va trebui să mă întorc la spital pentru control, drept care simţeam că timpul curge fără mine, că trece incredibil de repede. Dar, în această privinţă, lucrurile pot fi imprevizibile din motive întemeiate. Nu întâmplător, una dintre cele mai comune „înţelepciuni" ale folclorului spitalicesc este aceasta: *în spital ştii când intri, dar nu ştii când ieşi.*

Pe scurt, ca orice rit de trecere, spitalizarea exact asta face: îţi schimbă un cadru spaţio-temporal cu altul – adică îţi schimbă *identitatea*!

Lăsaţi orice pretenţie, voi care intraţi!

Relaţiile dintre personalul sanitar şi bolnavi nu sunt doar relaţii de îngrijire – ele sunt, intrinsec, şi relaţii de putere. Relaţiile de putere există în orice societate şi în orice instituţie; există şi în spital, conform unei „organigrame" explicite, pe de o parte, şi corespunzător unor tradiţii şi practici implicite, pe de altă parte. Dar, mai presus de toate, există un câmp al relaţiilor de putere în care bolnavul este *de-clasat*; mai exact, îşi pierde independenţa şi devine un *dependent* – şi anume, dependent întru viaţă şi moarte. Ceea ce diferă însă, ceea ce face ca un sistem sanitar, un spital, o colectivitate sanitară să funcţioneze *sui-generis* este modul de utilizare a acestui sistem de putere – mai exact, ce face fiecare membru al sistemului sanitar cu această *putere* care îi este conferită în relaţia cu bolnavul, în virtutea faptului că este deţinătorul uniformei sanitare, oricare ar fi ea.

Bolnavul se loveşte de aceste relaţii de putere înainte de a ajunge la spital – şi, de cele mai multe ori, pentru a ajunge la spital: este purgatoriul cabinetelor „medicilor de familie". Nimeni nu a calculat vreodată timpul de acces la serviciile de sănătate, adică timpul pierdut între momentul în care cererea ta a fost luată în evidenţă şi cel în care ea a fost rezolvată. Subiectiv, toţi cei care aşteaptă pe culoarele acestor cabinete vă vor confirma însă că durează mult, dezesperant de mult. Nu este însă doar şi în primul rând vina medicilor de familie: sistemul în sine este confuz, personalul şi dotările sunt total insuficiente, birocraţia este greoaie şi mai ales în permanentă schimbare etc. Uneori nu poţi şti pentru cine este mai umilitoare această situaţie, pentru pacienţi sau pentru medici.

Punctul zero al exerciţiului discreţionar al puterii în spital începe, evident, cu forţa brută, interdicţia fizică: pe aici nu se trece! Ea este, în primul rând, apanajul gardienilor.

Astăzi am dat peste un bodyguard mai vigilent (nu l-am mai văzut până acum) şi de-abia am intrat – deşi era doar 17.30, iar vizitele sunt până la 18.00. Dar aşa voia el, să închidă poarta la 17.30. Mai erau câteva femei care cumpăraseră şi ele, pe ultima sută de metri, câte ceva de la Mega Image, pe una am recunoscut-o, şi pur şi simplu nu a vrut să le mai dea drumul înăuntru. „Hai, maică, te rog eu mult, că n-am cumpărat decât o pâine şi nişte salam, să aibă şi amărâtul ăsta de bărbatu-meu, că mâine şi poimâine e închis peste tot...” Nici n-a vrut să audă, i-a pus o labă în piept şi a trimis-o la plimbare, fără nicio altă explicaţie.

*

— Mi-au omorât copiluuuu! Copilaşul meeeeu!...

— Auzi, cucoană, hai, du-te, n-ai decât să plângi mai încolo, că mă doare capu'!, se răţoieşte un bodyguard, împingând-o pe femeie cu vârful degetelor.

— Hai, mă, nu vezi că n-are pe nimeni, ce-ai cu ea, unde vrei să-şi plângă copilul? Zi şi tu Doamne

ferește și vezi-ți de treabă... – intervine colegul său mai în vârstă.

*

La această intrare în spital se află un birou jerpelit, cu un scaun pe trei rotile din patru și un catastif murdar și plin de pete de cafea. Eram convins că e recuzita altor vremuri. Ieri, pentru prima dată în trei luni, în spatele biroului se afla un bodyguard gras și ursuz, care oprea pe toată lumea și cerea numărul buletinului, locul și motivul vizitei.

Amuzant la acest gen de „abuz de putere" este că, de fapt, această putere este perfect legitimă, stipulată undeva prin vreun regulament de care nimeni nu mai ține cont, pe care nimeni nu-l mai aplică, dar care poate fi oricând „reactivat" când omul puterii vrea să-și arate mușchii sau pur și simplu se plictisește. Îndrăznește să te opui și ți se va da instantaneu cu regulamentul mucegăit peste nas: abuzul constă, de fapt, în aplicarea legii – o lege de care nu mai ține însă nimeni cont.

Nivelul fundamental, de cele mai multe ori inconștient, instinctiv, este mirosul sângelui, ca să spun așa: în spital, vulnerabilitatea persoanelor este crescută; altfel spus, imunitatea socială la indiferență sau dispreț este mult mai scăzută. Sângerând deja din toate rănile dependenței sale, bolnavul este astfel victima perfectă a dorințelor de putere. Complementar și ca peste tot, ca întotdeauna, ca în orice context favorabil, suferința va fi monetizată: suferința ta reprezintă capital pentru mine!

Sub semnul acului...

Citesc pe un afiș demn de un „Branula" Stoker Jr. și care poate fi intitulat, ușor *vintage*, „La belle Draculeuse": „Zâmbește asistenților, ei aleg mărimea acului tău!". Din păcate, este vorba de o reclamă la un târg de joburi medicale, cu care Spitalul își întâmpină viitorii pacienți de la hematologie. *Tare! Și cât se poate de adevărat!!!* – mi-a replicat un bun prieten, care a lucrat, cu ani în urmă, într-un spital învecinat. Din acest punct de vedere, toți cei care intră în spital trebuie să priceapă foarte repede că ele/ei aleg *pe bune* „mărimea acului tău", adică au oricând, pentru oricine, ac de cojocul pacientului – așadar, pă bune, ciocu' mic!!! Iar la acest nivel domnește, credeți-mă, o totală egalitate de șanse. În orice caz, niciun bolnav nu poate spune că nu este un „pacient informat": în Spital, relațiile dominante pacient – personal medical se desfășoară *sub semnul acului.*

Dacă unităților sanitare din România le lipsește ceva, chiar mai mult decât dotările, apoi asta este psihologia, fie ea și una elementară!...

*

După păzirea intrării, următorul pas de utilizare discreționară a puterii este acela de marcare simbolică a distanței. Pentru aceasta, este suficient, de pildă, să nu răspunzi la „bună ziua": multe cadre medicale trec pe lângă tine fără să salute și, mai ales, fără să răspundă la salut. Unii nu o fac cu ostentație, ci pur și simplu pentru că această „intimitate" cu pacientul nu face parte din „bunele maniere" ale spitalului. Majoritatea o fac însă cu jubilație: când nu-ți răspund, nu se uită pe lângă tine, ci prin tine, ca să-ți dai seama că nici măcar nu te văd.

E o fată nouă la cafea, venită abia de vreo două-trei săptămâni, dar ne-am împrietenit deja – îmi povestește Ana ultima ei aventură.
— Sunteți internată aici? m-a întrebat ea de cum m-a văzut.
— Nu, stau cu soțul meu...
Și, în timp ce-mi făcea cafeaua:
— Mă gândeam, de când am ajuns aici, ce înseamnă să fii bolnav... Am avut-o și eu pe mama internată, acum opt ani. Cancer de sân. Doctor bun, ce să zic, foarte bun... Dar știți ce i-a zis mamei? S-a răstit la ea de parcă era o hoață care intrase în spital și i-a zis doar atât: „N-am ce să-ți fac, îți tai sânul!". Exact așa i-a spus, pe tonul ăsta!... După care a plecat. Eu nu am putut să mai trec pe la ea aproape două săptămâni, iar când am venit să stau cu ea și să o îngrijesc, era să n-o mai recunosc. Albise, dar albise complet, și slăbise douăzeci de kile! Vă dați seama, douăzeci de kilograme în mai puțin de două săptămâni! După aceea, cât am stat cu ea, a mai pus zece kile, a început să zâmbească, apoi operația s-a desfășurat foarte bine și acum e bine mersi,

sănătoasă – v-am spus, doctorul era foarte bun! Aşa a fost, a trebuit să-i taie sânul, dar cum poţi să fii aşa hain la suflet?!...

Complementar acestei distanţe simbolice, vei fi întotdeauna pus la o dublă distanţă fizică, în spaţiu (*aşteaptă afară! stai acolo!*) şi în timp (*ai răbdare, nu vezi că am treabă?! aşteaptă, vino mai târziu, vino altă dată!!!*).

De fapt, este acea distanţă acidă care îi desparte pe pitici de lumea propriilor visuri frustrate, de restul lumii la care au aspirat şi în care nu au reuşit să intre cu adevărat. Acum o răstoarnă şi, la rândul lor, îi pun la distanţă pe cei asupra cărora îşi pot exercita puterea. A pune la această distanţă a frustrărilor proprii pe oricine le stă în putere devine mai mult (de fapt, cu totul altceva) decât o slujbă: devine o vocaţie vindicativă, o practică de zi cu zi a acelei faimoase şi teribile „răzbunări a piticului". E adevărat că acest mecanism sadico-compensatoriu este departe de a fi apanajul strict al sistemului sanitar, dar în spital el poate oferi mai multă satisfacţie, deoarece poate exercita un control mai explicit şi mai vizibil asupra suferinţei celorlalţi. Iar pentru rasa universală a piticilor frustraţi, suferinţa provocată celorlalţi, cu cunoştinţa acestora, este un elixir incomparabil!...

Dar poate exista şi situaţia inversă, când semnalarea unei distanţe simbolice (mormăi ceva la „bună ziua", treci rapid şi indiferent pe lângă pacienţi etc.) nu urmăreşte să-l pună pe celălalt, pe pacient, la distanţă, ci să te pună pe tine, medic, la adăpost. Competenţi, poate chiar „premianţi", dar poate prea timizi, probabil încă neexperimentați, cu teama de a nu primi recunoașterea meritată și, inevitabil, cu nevoia de status încă nesatisfăcută, tinere și tineri medici fac o paradă adolescentină de siguranță de sine și superioritate pe culoarele spitalelor: când reușesc să nu te scoată din sărite, pot să te înduioșeze...

Apoi, odată intrat în spital, punerea la distanță ia forma privațiunilor: poți avea condiții mai bune, mai puțin bune, proaste sau chiar foarte proaste. Medicii gestionează boala/sănătatea – și poți ieși mai mult sau mai puțin sănătos; asistentele gestionează suferința – și poți avea un parcurs spitalicesc puțin, foarte sau îngrozitor de dureros; infirmierele gestionează nevoile materiale – și, la o adică, s-ar putea să te trezești că n-ai unde sau pe ce să dormi. Fiecare își are propriile strategii.

Cu femeile de la curățenie nu prea intri în contact – intră ele cu tine. Și o fac la un mod care îți marchează ziua. Lucrează în echipe de câte două, sunt angajatele unor firme de specialitate, sunt plătite cu salariul minim pe economie și, de regulă, vin din câte un sat de pe lângă București. Vin pe la 6.30 în salon și pot intra ușor, pe vârful picioarelor, sau se pot năpusti trântind totul în cale, cu ura aceea a omului care se trezește în fiecare zi la 3 dimineața și nu vede în fața ochilor decât oameni care pretind să fie lăsați să doarmă la ora 7.00. Trebuie să vină și după-amiaza, ca să strângă resturile adunate până la prânz. Acum câteva zile, a trecut o tânără care a ieșit ducând punga cu gunoi, scârbită, cu două degete; acum două zile a venit alta, care a luat punga plină, dar a uitat cu desăvârșire să lase alta în loc. Azi n-a mai apărut niciuna. Și în birouri, și pe culoare, lucrurile se petrec similar, dar niciun spital nu-și permite să fie prea exigent: altceva nu găsești.

Există însă și „furnicile lucrătoare", care vin de multă vreme, care s-au obișnuit și cu care s-a obișnuit și lumea:

— Ce ți-a spus femeia aceea, ce voia de la tine? o întreb eu intrigat pe Ana, observând cu jumătate de ochi o femeie de serviciu șoptindu-i ceva la ureche la șase și ceva dimineața.

— Mi-a mulțumit: „Să vă dea Dumnezeu sănătate, ieri chiar nu aș fi avut cu ce să cumpăr o pâine!" – așa mi-a zis...

— ?!

— I-am dat ieri 10 lei, atât. E foarte simțită și mă mai ajut cu ea când vine la prânz, când ne rămân prea multe sticle de apă sau caserole de la mâncare. Stă într-un sat pe lângă Lehliu, se scoală în fiecare zi la 3 dimineața, dă aproape un sfert din salariu pe abonament la tren, dar n-are altă soluție. Mai sunt trei femei din sat, cu care face naveta la București...

Unor infirmiere trebuie să le plătești un soi de taxă de protecție, căci altfel te poți pomeni că s-a terminat dezinfectantul, perna sau chiar patul, că s-a defectat căruciorul cu care ar trebui să mergi la cine știe ce analize – și, ca în filmele de duzină, trebuie să ai grijă cui o plătești. Noi ne-am orientat bine de la început, judecând după vechime și privire. De a doua zi, mesajul în „cartierul" infirmierelor a fost clar: *Fetelor, ăștia sunt ai mei, nu vă apropiați, că știți ce se întâmplă!* Și nu s-au apropiat, iar noi am avut, într-adevăr, toate cele necesare (teoretic obligatorii, ce-i drept, însă doar teoretic...). Într-o zi, tot ca-n filme, o infirmieră mai tânără și evident iritată de ierarhiile din „clan” ne-a „tras-o” scurt și impecabil – dar a fost sancționată a doua zi...

La un moment dat, la una dintre întoarcerile după o scurtă pauză acasă, am găsit făcut doar unul dintre paturi. Am anunțat că ne-am întors și așternuturile noi au fost puse și pe al doilea pat. Dar fără pilotă. Ana a întrebat infirmiera care era în tură: „Aici însoțitorii nu au dreptul la pătură, trebuia să veniți cu ea de acasă” – i-a răspuns aceasta privind-o drept în ochi, fără să clipească. După care a plecat. Ne știam de peste două luni și știam și noi la fel de bine ca și ea că nu a existat nicicând o astfel de normă. Eu m-am enervat, până și Ana a strâns din dinți, dar după câteva ore, când s-a înserat și a devenit clar că unul dintre noi va trebui să doarmă fără pătură, a luat-o pe urmele domnișoarei cu pricina, i-a pus 50 de lei în mână și i-a spus mieros: „Poate găsiți totuși pătura pe care am avut-o tot timpul până acum...”. „Să vedem...”, a spus aceasta întorcându-i spatele și ducându-se până la un raft, de unde s-a întors cu prima pătură găsită. „Ați avut dreptate, mai era o pătură”, a mai spus ea zâmbind către noi, după care, cu un gest elegant, a lăsat pătura să cadă pe spătarul patului. Și a plecat cu un mers evident căutat de regină a balului...

Dacă unele infirmiere sau asistente se dau drept reginele balului, asistentele-șefe chiar sunt reginele balului – sau, în alt sistem de referință, arendașul român. Chiar și medicii știu acest lucru, astfel încât, atunci când vor să aibă grijă de un pacient, încep prin a se consulta (cam ipocrit, ce-i drept...) cu asistenta-șefă: *Ia să vedem, unde l-am putea pune pe domnul?* În peregrinările mele prin diferite clinici și secții, o singură dată s-a întâmplat să ajung într-un salon de monitorizare fără ca asistenta-șefă din acea secție să fie anunțată. *Matale ce cauți aici?* s-a răstit aceasta când a dat de mine în salon. N-am prea știut ce să-i spun, căci nu prea știam nici eu. Și nici Ana nu era cu mine, ca să-i explice în limbajul universal al banilor. Drept care am avut parte de zile grele. Am avut parte și de cea mai mare branulă pe care am văzut-o în viața mea, ceva de tratat caii, cu un ac lung și gros, pe care a ținut morțiș să mi-l înfigă personal, deși s-a dovedit că nu aveam nevoie de așa ceva.

Pe de altă parte, puterea asistentelor este derivată și delegată, este una secundară – lucru care adeseori e foarte frustrant, mai ales în cazul celor care și-au dorit, de fapt, să ajungă medici. Le poți citi adesea în ochi această frustrare, precum și propensiunea spre răzbunarea piticului. Cu cât o asistentă este mai ostentativ îngrijit îmbrăcată și, adesea, mai „sexy", cu atât trebuie să-ți fie mai frică de ea: i se citește în privire, i se citește în mers că, dacă ar avea de ales între un orgasm privat și o demonstrație publică de putere, n-ar avea nici cea mai mică ezitare – Puterea!

Declasat, pacientul poate dezvolta însă uneori o cruntă „ură de clasă", gratuită și seacă precum o tuse, dar care trebuie să se exprime într-un fel sau altul. Nu i s-a făcut nimic, nu a pățit nimic, nu a fost jignit sau neglijat, dar *uită-te la ăsta: e doctor, mama lui!...*

— Nu știu cum a obținut informațiile, probabil de la o asistentă la fel de sărită de pe fix, dar și-a scris pe piept schema de tratament a doctorului, s-a fotografiat, a pus poza pe Facebook și a scris dedesubt: uite cum ne omoară doctorii!

— De ce? m-am minunat eu.

— Da' ce știu eu? a dat din umeri asistenta. Sunt mulți așa, care fac scandal sau reclamații chiar înainte de a intra pe salon sau a începe tratamentul...

Sub semnul sintagmei „relația medic-pacient"

Ca să fiu sincer, nu prea cred în povestea asta de succes cu patrimoniul UNESCO (ilustrația 3 din fascicul), lansată, din câte înțeleg, de forul suprem al breslei medicilor din România. Pe de altă parte, tot ca să fiu sincer, așezarea „sintagmei relația medic-pacient" în rând cu *Miorița*, Călușul și Magiunul de Topoloveni mă trimite cu gândul la o ipoteză de natură să(-mi) lămurească multe lucruri: *ancestralitatea relației medic-pacient la români.*

Dacă tot este ancestrală, această relație nu mai trebuie educată, învățată în vreun fel: ea *este*! Și dacă, precum Dumnezeu, ea este ceea ce este, de ce ar fi altfel? Adică de ce ar trebui să muncești în vreun fel la adecvarea, adaptarea, dezvoltarea acestei relaţii date dintre medic şi pacient? Mai bine o laşi aşa cum este, o laşi în plata Domnului, că oricum de acolo se pare că ne vine ea nouă, românilor – inclusiv medicilor acestei naţii. Şi dat fiind că toată lumea ştie că *este*, ea nu trebuie să se mai şi *manifeste*: relaţia medic-pacient rămâne aşa cum este, ancestrală. Drept care medicul nu spune nimic, iar pacientul nu întreabă nimic, ambii fiind (relativ) convinşi că aceasta este relaţia „normală" dintre medic şi pacient. Pe de o parte, medicul nu are niciun interes să schimbe această „normă", căci ar trebui să înveţe să dialogheze, să vorbească fiecărui pacient în parte – or, „medicul român" nu are timp de aşa ceva (şi poate că, inconştient, îi e şi frică!). Pe de altă parte, pacientul nu are curaj să încalce această normă percepută, drept care acumulează frustrări până când dă pe afară, fie în mod depresiv, fie agresiv. Restul e tăcere, prea multă şi nesănătoasă tăcere...

Ştiţi ce este deprimant la această mică parabolă (altminteri inspirată şi ea tot din realitate)? Faptul că doar vreo 10-20% este imaginaţie, restul e banală, cotidiană realitate!...

Îngerii lui Vintilă?

Spuneam că e foarte important să-ţi găseşti cât mai curând o mami, un înger păzitor, cum zic eu. Pentru mine, acest lucru este însă aproape un reflex de foarte mult timp. Pornind de la principiul că orice femeie, oricât de înrăită ar fi, păstrează undeva în sinea ei un reflex matern de protecţie, m-am obişnuit de mult să mă aşez cu burtica în sus, să dau speriat din codiţă şi să privesc neajutorat orice autoritate feminină de care depinde ceva mai mult sau mai puţin important în viaţa mea (funcţionează adesea şi cu bărbaţii care se visează puternici: a proteja un neajutorat ca mine îi umple de *self-esteem*!). În spital, nici măcar n-a mai trebuit să mă prefac – eram suficient de speriat şi neajutorat. Aşa că am privit galeş la prima asistentă grijulie pe care am întâlnit-o, i-am mulţumit din suflet şi am decretat-o, cu reală speranţă în glas, „îngerul meu păzitor". Şi a rămas să mă păzească, în felul ei, tot mai dedicat, până la sfârşit. Iar în timp m-am mai înconjurat şi de alţi „îngeri păzitori".

— Domnu' Mihăilescu, cum aţi putut să-mi faceţi una ca asta? se sperie unul dintre îngerii mei păzitori. Nu înţeleg ce vrea să spună, apoi realizez ce se întâmplase: branula pe care mi-o pusese ea cu câteva zile în urmă evoluase prost şi acum aveam un hematom mare şi dureros. Observ că pentru o secundă se întoarce cu spatele şi îşi ascunde o lacrimă. De mândrie rănită, de milă, de compasiune? Poate puţin din toate. Apoi îmi înveleşte mâna în gheaţă şi mi-o ţine aşa vreo oră.

— Las' că ştiu eu, că dacă vă las de capul dumneavoastră nu ţineţi gheaţa mai mult de câteva minute – se răţoieşte ea, matern, la mine.

Îngerii lui Vintilă? Ei, să nu exagerăm! Dacă n-ar fi fost Ana, care să vorbească inclusiv limba îngerilor, eu aş fi rămas doar cu ideea că lucrurile pot fi şi altfel şi aş fi scris, eventual, „Note din spital la *Despre îngeri*" – a lui Pleşu...

*

Cred că era acum vreo 10-15 ani. Fusesem cu studenţii pe teren mai mult de două săptămâni, banii fuseseră pe sponci, dormiserăm pe unde apucaserăm şi mâncaserăm mai mult din conserve. În ziua de adio, numărând banii şi punând tot ce mai găsisem prin buzunarele mele, am hotărât să tragem la o „pensiune" din cea mai apropiată comună. A fost plăcut, ne-am simţit bine, ne-am făcut socotelile de teren şi am cerut şi nota. Scump ca la hotel de oraş! Am plătit cu nonşalanţă, dar nu ne mai rămâneau suficienţi bani de tren. Nu le-am spus nimic şi am mai dat eu un rând de bere (cacealma, ca la poker). Gazda a sărit imediat şi a dat un rând de ţuică din partea casei, apoi un al doilea. Studenţii s-au dus la culcare fără bani, dar fericiţi. Eu am rămas să mă mai omenesc cu gazda. Şi ne-am omenit până spre ziuă. Inevitabil, ne-am găsit un prieten comun la Bucureşti şi o vagă cunoştinţă în satul învecinat, unde făcusem terenul. Ne-am despărţit în zori, dar ne-am revăzut curând, cu bagajele făcute, pentru a ne lua rămas-bun. *Unde plecaţi?* a sărit gazda ca arsă. *Păi, noi am mai fi stat, că ne-am simţit foarte bine, dar nu mai avem bani...*, i-am explicat eu uşor stânjenit. *Între prieteni nu se pune problema de bani!* a declarat el ditirambic, dar sincer și fericit. Și a urmat un chef pe cinste, la care au fost convocați toți vecinii. Ca prin farmec, pensiunea încetase să fie o instituție a industriei turistice, pentru a se transforma în (a reveni la...) instituția veche a ospitalității, a „omeniei".

Nu este același lucru, evident, dar relațiile cu asistentele se pot transforma peste noapte ca în cazul de mai sus – pot deveni luminoase, pot scoate la iveală o „omenie" pe care n-ai fi bănuit-o. Dar, mai presus de toate, pot glisa oricând între lege, normă și practici locale, mai mult, între relații formale și informale, între relații instituționale și relații personale. Adică spitalul nu este o instituție în sensul deplin al cuvântului? Nu, nu este! Spitalul public, desigur, căci cel privat se apropie foarte mult de orice organizație capitalistă standard. Mai mult, ca în mai toate instituțiile publice din România, spitalul este o organizație care se vrea cu reguli stricte, dar este o „organizație de cumetrie", cum ar spune cineva – sau, mai academic spus, o organizație cu puternice tendințe de „comunitarizare", cum ar spune Max Weber, adică un amestec *sui-generis* de *Gemeinschaft* și *Gesellschaft*. Și, credeți-mă, când reușești să faci parte din această „cumetrie", nu-ți displace deloc când asistentele, în loc să fie foarte formale și stricte, alunecă puțin spre relații de cumetre la portiță – și te lasă și pe tine să intri în jocul lor...

— Ai observat, mă întreabă Ana, că asistentele care se mișcă în zona asta aproape-de-pacient folosesc tot timpul diminutive: stingeți beculețul, vă schimb branulica, ia să vă văd mânuța, să caut o venuță bună etc.?

Diminutivele par să fie o boală națională, dar Ana are dreptate: asistentele din zona ostilă nu folosesc diminutive, ți se adresează sec și la obiect. Sau deloc...

De fapt, prima asistentă-șefă cu care am avut de-a face avea ținuta unei doamne de onoare dintr-o casă nobiliară, iar a doua era replica feminină a unui majordom britanic: amândouă erau extrem de stricte, dar și stilate. A treia era întruchiparea „mamei răniților": oricui îi era frică de ceva, îl liniștea, oricine avea o problemă, i-o rezolva, oricine se rătăcea, îl orienta. Și, credeți-mă, nu avea nici măcar noțiunea de pacient privilegiat sau anonim! Să fi fost oare o simplă întâmplare faptul că toate aveau peste 50 de ani? Pe de altă parte, asistentele mai tinere sunt, de regulă, mai familiare, mai apropiate – spre bine sau spre rău...

— Vă dați seama că, deși nu sunt de mulți ani asistentă aici, mi-au trecut mulți muribunzi prin mână, ca să spun așa. Adică te atașezi de oameni, că n-ai cum, eu cel puțin așa sunt. Îmi aduc aminte de un domn, unul Nestor, am simțit și eu, și a simțit și el că i-a venit sfârșitul, că era ultima zi. Am stat lângă el și l-am ținut de mână până s-a stins, plângea ca un copil, știți, ca un copil care pur și simplu nu se mai poate opri din plâns. Și am plâns și eu cât n-am plâns în viața mea!
Înțeleg ce vrea să spună asistenta cu pricina și știu că e sinceră. Dar să nu uităm că un cadru medical poate fi empatic – și, între anumite limite, este chiar necesar –, dar nu poate, nu are voie, nu trebuie

niciodată să împingă această empatie până la identificare! Este exact aceeaşi capcană ca în cazul antropologului care, din dragoste pentru tribul său, ajunge să-şi interiorizeze cultura şi trăirile tribului, „getting native”. *Rezultatul este întotdeauna acelaşi: nu mai înţelege nimic despre celălalt şi se pierde total şi pe sine. Şi în cazul antropologului, şi în cazul unui cadru medical, marea artă constă în buna distanţă faţă de celălalt, în justa proporţie de apropiere sufletească şi distanţă indiferentă. Oricât ar părea de cinic, de lipsit de suflet, bunul samaritean nu are ce căuta într-un spital...*

*

Cum este deci în spital, nu neapărat acesta în care am fost eu, ci aşa, în general, în Spital?

Ca şi în Societate, nici în Spital nu poţi să generalizezi, nu poţi să vorbeşti despre *Medicul român* sau *Asistenta din România*, după cum nu poţi să vorbeşti nici despre *Român*, aşa, în general. Există însă *asistenta cu acul mare* şi *asistenta cu vorba bună*, nu o medie statistică şi indefinită a lor – iar viaţa ta în spital depinde, în mare măsură, de frecvenţa întâlnirilor concrete cu o categorie sau alta.

Făcând o etnografie a unor mari clinici moderne din Africa, Olivier de Sardan ajunge să facă o distincţie între *normele oficiale*, *normele practice* şi *comportamentele efective*. Se potriveşte perfect şi în cazul României. „Normele oficiale” sunt cele dictate de Ministerul Sănătăţii, de legile şi regulamentele sistemului de sănătate.

Ele sunt însă atât de confuze și contradictorii și se schimbă atât de des, încât este aproape imposibil să le urmezi, chiar dacă ai vrea. Totuși, din când în când ești admonestat sau chiar pedepsit pentru că ai încălcat un articol sau altul al acestor reglementări. Există însă și „norme practice", un soi de cultură medicală *de facto*, după care se orientează, cel mai adesea inconștient, unii medici, din unele generații, din unele clinici: pentru aceștia, pur și simplu medicina se practică așa, și nu altminteri. Și există apoi „comportamentele efective", mult mai apropiate de „normele practice" decât de cele „oficiale". Cadrul legal al sistemului de sănătate nu-ți spune deci mare lucru – important este ce „norme practice" funcționează în spațiul spitalicesc în care te afli: cum ți-o fi norocul...

De ce stau lucrurile așa? Nici aici nu poți da o explicație simplă și univocă, nu te poți juca de-a alba-neagra. Categoric, lipsa de personal este o cauză majoră: în 2017, România are 2,8‰ medici și 6,4‰ asistente, față de 3,5‰, respectiv 8,4‰ în Uniunea Europeană, ratele de migrație se păstrează foarte ridicate, iar repartizarea teritorială a acestor resurse oricum deficitare este foarte proastă; pe de altă parte, unii medici se întorc în România sau fac apostolat la țară, din motive doar de ei știute. Sistemul național de sănătate nu a beneficiat niciodată de o viziune coerentă și consistentă sau care să poată fi implementată ca atare pe un termen măcar mediu; dar au apărut mici inițiative locale salvatoare. Corupția, lipsa de profesionalism sau pur și simplu dezinteresul unor cadre medicale pentru tot ce înseamnă asistența medicală și bolnavii sunt prea cunoscute pentru a mai fi amintite aici; și totuși sistemul funcționează, datorită unui profesionalism compensatoriu și unei dăruiri de sine greu de imaginat. Ce primează, ce dă tonul, ce explică situația generală cu care ne confruntăm cu toții, pe care am trăit-o pe cont propriu? Ca și în cazul României în general, toate la un loc, în dozaje totdeauna imprevizibile. Ca și în restul României, cu puțin noroc, cu puțină răbdare, s-ar putea să ai parte de un miracol și să o scoți la capăt din spital. Doar că la spital te duci tocmai pentru că nu crezi în îngeri...

Din nou, ceea ce leagă toate acestea între ele este impredictibilitatea. Or, asta este o boală în sine!

— Domnu', ce vă tot foiți atâta? E doar o durere surdă! mă pune la punct doctorița care îmi face puncția. Stați liniștit, că n-am reușit să scot destul – vă mai înțep o dată.

Și mă mai străpunge o dată cu „stiletul", în timp ce stă de vorbă cu asistenta din cameră. Durere surdă pe dracu'! Niciodată în viața mea n-am avut parte de o durere mai cumplită. Astfel încât, la următoarea puncție, am stat mult pe gânduri dacă să rămân în spital sau să renunț la tot tratamentul. Dar la a doua puncție am avut parte de altă persoană și n-a mai durut deloc. Chiar avea mâini de înger. Asta mi-a salvat viața, căci la a treia puncție-spadă aș fi fugit din spital și m-aș fi dus să-mi aștept sorocul sub teiul de peste cavoul familial.

Deh, cum ți-e norocul!...

Domesticirea spitalului

Când am intrat în salon, am simțit că mă înghite golul – a mărturisit Ana la câteva zile după ce s-a internat și ea alături de mine. Separarea, care este și o dezagregare, continuă încă multă vreme după ce te-ai așezat în lumea nouă a Spitalului. Continuă în paralel cu eforturile de integrare în acest univers nou, de „domesticire” a acestui spațiu în cel mai bun caz auster, dacă nu chiar ostil. E greu de prevăzut cum se va sfârși această luptă – dacă se va sfârși vreodată...

Două doamne respectabile discută de peste jumătate de oră despre constipație. Vorbesc serios, aplicat și, evident, în cunoștință de cauză:
— Eu am deja peste trei săptămâni...
— Eu mă apropii de o lună – și, crede-mă, am încercat tot ce se poate. Până și ulei de parafină, să știi, dar nimic! Îți spun eu, asta nu e de la stomac, e de la spital!

Ne recunoaștem în această discuție. A fost prima mea experiență „psihosomatică” de intrare în spațiul concentraționar al Spitalului: timp de trei săptămâni, corpul meu s-a închis în el și a amuțit. Cum nu suntem obișnuiți să vorbim despre asemenea „trivialități” ale celui mai de jos nivel biologic al trebuințelor noastre, au trecut vreo două săptămâni până să aflu că și soția mea era la fel. Și au mai trecut apoi vreo două luni, până la prima întoarcere acasă, pentru a realiza că acasă... e altfel. Brusc, explicația doamnei mi-a sunat astfel ca o revelație: *Asta nu e de la stomac, e de la spital!* „Etiologia" descoperită de doamna cu pricina era expresia perfectă a imposibilității de a plasa această constipație, de a o localiza: ea nu este nici în stomac, nu este nici în cap, nu este în niciun organ anume; înseamnă atunci că este în corp; dar asta mai înseamnă că este în *noi*, deci că nu *avem*, ci *suntem* un corp; și că, surpriză, corpul acesta care suntem vorbește, ne povestește din noi, despre noi, iar noi nu înțelegem – pe cine nu înțelegem? Păi, pe *noi*... Nu mai înțelegi nimic!

Să fie atunci această constipație – care, în spital, te poate ține bine mersi o lună, dar care trece într-o zi, fără a face absolut nimic, imediat ce te întorci acasă – doar simplă fantezie? De fapt, constipația spitalicească este o metaforă corporală elementară a acestei țesături „psihosomatice" despre care nu știm mare lucru: niciun medic și niciun psiholog nu sunt în stare să reconstituie integral și credibil faptul banal al constipației atunci când acesta iese dintr-o strictă cauzalitate gastrointestinală!

Ironic, prin constipație ieșim atât din medicină, cât și din psihologie, ba chiar și din acea „psihosomatică" doar declarativă. Sau, altfel spus, în constipație, medicina se confruntă, împotriva voinței sale, cu propriile limite!

Domesticirea proximității

Nu-ți dai seama de această dezagregare, dezintegrare, descompunere – sau cum altfel ai mai putea-o numi – decât cu timpul. La început am realizat că mi-am pierdut cuvintele: sunetele alunecau unele pe lângă altele și se combinau în cuvinte fără sens sau cu alt sens decât cel dorit, aveam lapsusuri frecvente și prelungi. Același lucru cu visele: în ultimii ani am avut un repertoriu restrâns de vise, care se repetau relativ regulat, dar care au dispărut de la prima noapte în spital; doar peste vreo două-trei săptămâni au început să apară alte vise, firave, de o cu totul altă factură. Când exact același lucru l-a pățit și Ana și ne luam vorba din gură povestind ceea ce fiecare credea că este doar propria subiectivitate, ei bine, atunci am început să cred că e mai mult decât o întâmplare individuală.

— *Nu știu, dragă, ce se întâmplă aici, da' parcă mi-am pierdut automatismele! Îți poți imagina, mi-am lăsat mobilul la chioșcul de cafea! Și l-am căutat pe urmă toată ziua, îți dai seama?! Știi foarte bine că nu mă despart de mobil niciodată, da' de când sunt în spital parcă mi-a luat Dumnezeu mințile, nu mai știu ce fac, pe unde îmi pun lucrurile – parcă nu mai sunt eu...*

Ne uităm unul la altul când Ana îmi povestește acest monolog auzit întâmplător pe aleile spitalului:

păi chiar nu mai era ea însăși, chiar nu mai suntem noi înșine – comentăm noi la unison. Realizezi sau nu, îți place sau nu, ceea ce ți se întâmplă este faptul că trebuie să te des-faci pentru a te putea re-face. Nu te ajută la nimic să știi, dar asta e esența oricărui rit de trecere.

— Suntem resetați! ne spunem aproape simultan Ana și cu mine.

În paralel, fiecare încearcă din prima zi să nu se lase „înghițit de gol" și să-și ia în stăpânire, pe cât se poate, noul spațiu. De regulă, primul obiect de care se agață proaspătul pacient este noptiera. Aceea este a lui și acolo poate să-și pună câteva lucruri – cana, de pildă –, într-o ordine care este doar a sa și în care încearcă să se regăsească, fără a acorda însă vreo atenție explicită acestor detalii. Detalii care se vor dovedi importante în momentul în care cineva se va atinge de noptiera *personală*.

— *Îți aduci aminte când ai venit și tu aici și ai început să reașezi lucrurile? Am avut, de fapt, un moment de panică... Iar când ai mutat și noptiera, aproape că-mi venea să țip la tine!*

— *Da, am observat, de-aia m-am și retras și nu am mai zis nimic.*

— *Mda, realizez abia acum – m-am repezit la noptieră și mi-am pus toate lucrurile în ordine lângă mine. Tot universul meu spitalicesc, spațiul meu de intimitate, ca să spun așa, era la o distanță de o mână – și așa trebuia să rămână. Doar așa mă simțeam în siguranță...*

— Mi-ai spus chiar că eu încă nu înțeleg că asta e „ordinea spitalicească”...

— Ordine spitalicească pe dracu’! Era ordinea mea, cât să mă pot înconjura de un minimum de intimitate în spital!

Intimitate... Îmi aduc aminte de copilărie. Spațiul meu de „intimitate”, adică de siguranță și plăcere, era în lada de așternut de la capul patului, o ladă din lemn masiv, neagră, de vreun metru înălțime și un metru jumătate lungime. Acolo petreceam ore în șir, cred că mă jucam de-a mașina sau de-a avionul, nu mai știu, era poate mult mai variat. Era un spațiu mic, dar acolo mă simțeam cel mai confortabil – și, aș zice acum, în „siguranță”, în „zona de confort psihic”. Celălalt spațiu de intimitate era sub masa din sufragerie – o masă imensă, rotundă, care se sprijinea pe un picior masiv și oval de lemn, cu un spațiu între cele două emisfere ale sale. Acolo stăteam iarăși adesea, dar cred că mă jucam altfel, nu mai țin minte. A venit apoi vremea vacanțelor lungi pe munte și a cortului. Pregătirea de culcare în cort, la lumina unei lanterne care arunca mai mult umbre decât lumină și în acel spațiu strâmt, m-a fascinat întotdeauna. M-a fascinat prin provocarea de a-mi reface în fiecare noapte „spațiul de intimitate”: poziția sacului de dormit, prosopul cu care mă înveleam cu grijă la șale ca să nu-mi fie frig, poziția și distanța la care îmi puneam ochelarii și cutia de chibrituri, înălțimea „pernei” pe care mi-o făceam din hainele de peste zi etc. Eram una cu acest înveliș al meu, cu acest spațiu de intimitate aflat sub controlul meu – şi dormeam neîntors până dimineaţa. Şi repetam acest ritual, cu delicii, în fiecare noapte dormită în cort. Ba chiar, pe la 16 ani, cred, am ajuns să teoretizez acest lucru într-un eseu intitulat „Elogiul tabietului": aşezarea omului în lume trece prin „tabiet", iar acesta ajută aşezarea omului în lume, cred că acesta era mesajul. A venit apoi armata, unde îmi găsisem un closet la capătul culoarului – acolo mă duceam pe înserat, mă încuiam înăuntru, îmi frecam un ness şi fumam câteva ţigări la rând privind pe fereastră la lumea de afară. După care mă întorceam, senin, în imensul dormitor comun. Apoi, începând din studenţie deja, dar conturându-se tot mai bine cu timpul, mi-am construit acel spaţiu de intimitate la purtător, de autonomie imaginară, pe care îl constituie „băutura & ţigara". Mă aşez oriunde – de obicei însă la nişte mese mai mici şi mai periferice –, comand ceva de băut, aştept apoi pentru a-mi aranja la îndemână băutura şi scrumiera, după care îmi aprind o ţigară: în spaţiul meu restrâns sunt singur şi sigur în plină mulţime, pe care ador apoi să o privesc şi pe care nu mă satur să o ascult. De aceea m-au scos mereu din sărite cei care îmi dădeau sfaturi igienice bine intenţionate pe tema „fumatul dăunează grav sănătăţii dumneavoastră". Bineînţeles că dăunează, că doar nu e lăptişor de matcă! Dar dacă nu ştii cum să te porţi cu ea, viaţa însăşi dăunează cel mai mult vieţii tale: te duce implacabil spre moarte. Or, în acea sferă a mea aveam sentimentul că nimic din relele vieţii nu are cum să mă atingă sau să mă afecteze. Ce dacă nu era adevărat, toată viaţa este pavată cu astfel de minciuni pioase!

Principiul lui Didi. *Eu l-am botezat aşa! Nu pe prietenul Didi, ci obiceiul său devenit principiu: în fiecare dimineaţă, în drum spre Institutul „Victor Babeş", unde lucram şi eu, se oprea la cafeneaua din colţ, îşi sorbea în linişte cafeaua, fuma două-trei ţigări, citea un ziar tehnic, cred, şi abia după aceea se ducea să semneze condica şi să se apuce de lucru. Eram în anii 1980. Toată aparatura de ultimul răcnet a institutului de genetică depindea de el, era singurul care ştia cum să o întreţină şi să o repare – iar el era acolo şi noaptea târziu sau duminica, dacă era nevoie. Dar cafeaua de dimineaţă era a lui, doar a lui, era actul său de independenţă necondiţionată!*

Chiar şi când am crescut, ca să zic aşa, şi m-am aşezat la casa mea, mi-am ales cea mai mică încăpere drept birou. Iar acum, când am un birou respectabil, cu bibliotecă, fotolii şi alte facilităţi, spaţiul meu de intimitate se reduce, de fapt, la aproximativ jumătate de metru în jurul calculatorului – unde se află, la îndemână, lucrurile mele de referinţă. Ceea ce nu înseamnă câtuşi de puţin că sufăr de vreo agorafobie sau că mă simt pierdut în spaţiile sociale vaste şi zgomotoase, dimpotrivă! Dar sentimentul de libertate, de autonomie şi siguranţă pe care mi-l dă acest „spaţiu de intimitate", pe care ştiu (cred...) că mi-l pot crea din mai nimic şi aproape oriunde, este cât se poate de tonic şi reconfortant.

Când mă îndrăgostisem teribil de Ana, i-am scris o poveste simbolicoasă, în care era vorba despre port şi mare. Previzibil, ea, EA era „portul meu".

Asta am simțit, profund, autentic și indiscutabil, chiar dacă nici eu nu „știam" prea bine ce vreau să spun cu povestea aceea. Dar, după o vreme, mi-am dat seama: cum poți fi liber, în general, dacă nu ești ancorat în intimitatea unui port? Dinamica aceasta dintre mare și port nu este una ușoară și, evident, Anei nu i-a fost totdeauna ușor. Doar aventurierii (o categorie cât se poate de respectabilă, de altminteri) se avântă pe mare fără a-și lua portul cu ei – iar eu n-am fost niciodată un aventurier!

Nu este deci de mirare că, atunci când am intrat în spațiul sălbatic al salonului, m-am repezit spre noptieră și am luat-o în posesie pentru a avea ceva de care să mă agăț, astfel încât să nu fiu „înghițit de gol". De data aceasta însă nu mi-a slujit decât pe jumătate...

— Aici nu erau niște perdele? se uită lung doctorița de gardă când intră în salonul nostru. N-am mai fost de mult în salonul ăsta...
— Ba da, îi răspunde cealaltă doctoriță, erau ale doamnei Mitrea – ea le-a făcut și a tras și barele astea pe post de galerii.
— Și ce s-a întâmplat cu ele?
— Cred că le-a luat cu ea când a plecat... Erau ale femeii, le făcuse să se simtă bine cât a stat aici.
— Și cât a stat la noi?
— Să tot fi fost vreo doi ani...
Ana tocmai observase exact cu câteva ore înainte „galeriile", asemănătoare cu țevile de calorifer. Ne-am imaginat o perdea înflorată, colorată, vie, „personală",

Piua II. *Ana nu doar că a presimţit şi mi-a îngăduit, dar m-a condus încet înspre acolo, ştiind că ceea ce pentru medici şi chiar prieteni va fi un gest criminalo-suicidar pentru mine va fi acel mic act de libertate care îmi va permite să-mi asum, fără pic de ezitare, lipsa de libertate a condiţiei de bolnav. Da, am comis de câteva ori, când de-abia intrasem în spital, supremul ultragiu la adresa corpului medical şi a propriului corp – dar nu pot să nu zâmbesc citind acum aceste rânduri. Da, au fost câteva zile superbe de toamnă, nu mai ieşisem de o lună din salon şi ceva ce părea a fi un atac de panică îmi dădea târcoale de câteva nopţi. Ana a profitat de ocazie, mi-a spus că ar trebui să mă mai şi mişc şi m-a scos la plimbare. Am ales o piatră mai spre crângul spitalului, de unde puteam să văd doar copacii ruginii.*

— Ar fi fost bună şi o cafea acum... – am visat eu cu ochii deschişi.

— Ţi-am luat, a spus Ana şi a deschis sacoşa ei magică, din care a scos un espresso scurt. Alături a aşezat un pachet de ţigări început: principiul lui Didi – a zâmbit.

— Principiul lui Didi... – i-am răspuns.

Totul era, de fapt, cât se poate de simplu şi uman: într-un spaţiu al heteronomiei dominante şi violente, trebuie să-ţi construieşti o ascunzătoare pentru autonomie, un loc în care să ai impresia – atât, doar impresia – că eşti şi faci ceea ce-ţi doreşti tu.

„Principiul lui Didi", respectiv cafeaua cu ţigară, în cazul de faţă, este însă, cred, mai mult de atât. E un lucru pe care nu îl înțeleg aici; mai exact, nu pricep de ce e așa greu de înțeles următorul lucru: orice organism evită *durerea* – de acord, o știm și o acceptăm cu toții; dar orice organism caută în egală măsură satisfacerea *dorinței*, ca să spun așa – nu bucuria de moment, ci acea bunăstare structurală a corpului, *plăcerea* viscerală, profundă și banală în același timp, care rezultă din satisfacerea acestui tip de dorințe. De ce ne e atunci atât de greu să acceptăm că îndeplinirea unor asemenea „dorințe" *trebuie* să fie sanogenă – nu are cum să nu fie sanogenă? Habar n-am, nu e treaba mea, nu ține de competența mea și, mai ales, nu știu (nu știm) cum poate fi formulată mai clar această perspectivă. Cu siguranță însă cam așa stau lucrurile și doar o *obtuzitate învățată* (și consolidată prin „medicina științifică") ne face să nu luăm în considerare această viziune asupra corpului uman, lipsindu-ne astfel de o abordare complementară a bolii: tratăm, desigur, *durerea*, dar ce ar fi dacă am introduce în tratament și doze de *plăcere* sanogenă?

Piua III. *La ora asta și din unghiul acesta, o rază de soare trece prin punga de sânge a perfuziei și desenează stranii contururi* (ilustrația 5 din fascicul). *Este pentru prima dată când observ. Sunt surprins: în timp ce sângele aproapelui picură în mine, urmele sale au desenat două personaje prelungite din tablourile lui Klimt, un soi de sărut însângerat ce se revelează sub raza de soare. Desenul se continuă, se prelinge, se reface. Caut cu înfrigurare muzica potrivită. În niciun caz Bach, pe care tocmai îl ascultam, Bach este monadic. Dar Schubert, dragul meu*

Schubert? Mă gândesc imediat – poate prea imediat, prea schematic – la Fata și moartea, *dar mi se pare prea dramatic. Mă opresc așadar la* Fantezia pentru pian (la patru mâini) în fa minor. *E minunată! Klimt s-a prelins tot, a dispărut. Dar mâine este o nouă zi!...*

Cartierul

La intrarea în curtea spitalului, o „cantină" luminoasă întâmpină toate categoriile de pacienți, cu toate categoriile de nevoi, cu toate felurile de pofte și indiferent de feluritele lor mofturi sau ofuri, sub această deviză incredibil de onestă: „La Cantina fără sare noi servim oameni, nu mâncare" (ilustrația 7 din fascicul). *Da, chiar așa este, au tot ce poți avea nevoie ca mâncare de bază într-un spital, îți adaugă rapid o friptură dacă ți-a venit dorul de un grătar, îți pun mai mult sos sau mai multă salată, după preferință; și au întotdeauna răbdare și-ți zâmbesc tot timpul, chiar dacă ești năzuros, dacă te răstești, dacă nu știi nici tu, de fapt, ce vrei. „Știm cum e viața în spital! – îmi explică la un moment dat «patronul», văzând că stau și privesc îndelung «cantina» lor. Aici ne purtăm cu ei ca acasă, la prețuri de cartier. Uneori dăm pe credit, alteori mai dăm și de la noi, dar nici nu știți ce important e! Și mai e ceva:* noi *ne întoarcem întotdeauna fericiți acasă!..."*
De 1 Decembrie, au fiert la cazan fasole cu ciolan sau cârnați pentru toată lumea. Și a luat toată lumea!...

În interstițiile spitalului, printre și în jurul blocurilor există, invizibil la prima vedere, dar viu și intens, un întreg „cartier", acel gen de comunitate urbană de proximitate aducătoare de familiaritate și, uneori, chiar de un soi de intimitate. Tot acest spațiu se configurează sub acest semn al „cantinei": *Servim oameni, nu mâncare!* stă scris mare la intrarea în restaurant. Evident că despre mâncare e vorba, dar toți o fac în așa fel încât chiar ai impresia că o fac special pentru tine.

— Vedeți toate căsuțele astea amărâte?

— Da, ce-i cu ele? se interesează Ana.

— Sunt „garsoniere" pentru „aparținători". Vă dați seama, dacă fac taximetrie în zonă de peste zece ani, le știu pe toate! De multe ori eu îi aduc pe oameni aici sau uneori le recomand o gazdă mai bună – mai câștig și eu un bănuț... Și le-au făcut oamenii din cartier, că au văzut că e cerere – ca pe vremuri la Mangalia, dacă mai țineți minte. Mai ridică patru pereți în curte, că oamenilor nu le trebuie decât să pună capul jos undeva și să aibă unde să se schimbe. Sunt toți amărâții ăștia care locuiesc prin cine știe ce sate și au un părinte sau un copil, Dumnezeu știe, în spital și nu pot veni în fiecare zi cu trenul, dar nici în spital nu-i primește nimeni. 75-80 de lei, cam ăsta e prețul.

— Cââât? se miră Ana.

— Păi, da' ce credeați, legea pieței, nu? Cerere și ofertă! Sunt și unii dați dracului care, când văd că e criză de camere, măresc prețul: Nu-ți convine, dormi pe malu' lacului!... La ora actuală, cam toți

s-au întins la 100 de lei pentru un pat, o masă și un scaun. Câinoși! I-au prins pe oameni la ananghie și-i jupoaie fără niciun fel de milă. Dar sunt și alții care mai închid ochii, mai ales dacă e vreun client vechi: Las' că-mi dai data viitoare sau aduci și tu o țuică. Și aduc oamenii, că încearcă și ei să se înțeleagă, așa, ca-ntre oameni. E plin, vă spun eu, de jur împrejurul spitalului e plin de „garsoniere" din astea...

Există și un hotel în proximitate, dar nu are prea mulți clienți, căci nu de hotel au nevoie oamenii, „aparținătorii" care vin aici. La hotel mai vin doar cei cu pretenții și grăbiți: și-au făcut datoria față de rude, după care se întorc cât mai repede la treburile lor. O noapte și atât. Nu hotelul face deci concurență „garsonierelor", ci invers.

— Bună ziua, aveți cumva o...
— Cum să nu avem? îmi zâmbește vânzătoarea, în timp ce mă măsoară scurt din cap până în picioare. Mărimea L pentru dumneavoastră.
— ...o pijama... – dau eu să completez.
— Da, știu, de-abia ați venit, se vede. De care doriți? continuă vânzătoarea, arătându-mi trei modele. Eu v-aș sfătui să luați una singură, așa, de depanare, și mâine mai vedeți. Și vă pun și un prosop de corp și unul de față, că dacă n-aveți pijama, sigur n-aveți nici prosop. Hârtia igienică e de la mine, pun pariu că n-ați observat că nu aveți hârtie igienică în salon. Bărbații!... – concluzionează ea zâmbind, și îmi împachetează totul frumos într-o pungă. După care

strigă în urma mea: Dacă nu vi se potriveşte măsura, veniţi că v-o schimb pe loc, aici aşa se procedează... Nu ştiu la ce se referea prin „aici”, dar am rămas prieteni până în prezent – şi, de câte ori avem o problemă, eu sau Ana mergem să ne sfătuim cu ea. Le ştie pe toate!

În interiorul şi în exteriorul spitalului sunt mai multe asemenea magazinaşe care au de toate şi ai căror vânzători le ştiu pe toate. Ştiu exact de ce anume au nevoie bolnavii, ştiu ce li se dă şi ce nu li se dă în spital, ştiu când ce li se dă în spital e obligatoriu, dar prost, drept care caută imediat ceva de o calitate ceva mai bună, ştiu ce-şi doresc doamnele şi ce cer bărbaţii... – da, ce să spun, chiar ştiu tot. Ba chiar le fac uneori concurenţă şi farmaciilor, ca în cazul „burtierelor”, de pildă, de care au nevoie toţi bolnavii după operaţie, căci farmaciile au doar nişte produse rigide, în timp ce magazinaşele au găsit o reţea de burtiere de mult mai bună calitate şi la acelaşi preţ. Nu mă întrebaţi unde şi cum...

— Dar tot v-am prins cu ceva ce nu aveţi! o provoacă Ana pe o vânzătoare, după ce a privit roată prin tot magazinaşul: plicuri!
— Poftiiiim? aproape că se revoltă patroana-vânzătoare. Cum să nu avem plicuri, primul obiect de uz spitalicesc al bolnavului? Păi, cum să intre omu' în spital fără plicu' cu bani?! De care doriţi – din ăla mare pentru chirurgi, din ăla mijlociu pentru anestezişti şi doctori d-ăştia, de pe aparate, sau din alea mai mici? Da' să ştiţi că la asistente lumea

preferă să bage direct în buzunar, ce să se mai încurce cu plicuri...
Evident jignită în mândria sa profesională, doamna cu pricina îi mai împărtăşeşte apoi Anei, timp de vreo zece minute, câteva dintre elementele de bază ale codului bunelor practici spitaliceşti.

*

— Acetonă?! De ce aveţi şi acetonă? este rândul Anei să se mire.
— Toate doamnele care trebuie să facă o operaţie au nevoie de acetonă! îi explică „doamna de la sucuri" (care, altminteri, vinde şi unghiere, hârtie igienică, aparate de ras şi o cafea excelentă).
— ?!
— Păi, sigur că da, toate femeile vin la spital cu unghiile făcute, nu? Ei bine, la operaţie, asta deranjează pe chirurg, că lumina aia se reflectă în ojă şi îi intră doctorului în ochi. Aşa că, înainte de operaţie, toate femeile trebuie să-şi şteargă oja. Şi cine s-a gândit că o să aibă nevoie de acetonă la spital?! Nimeni! Eu m-am prins însă repede, aşa că acum le servesc pe toate femeile care au nevoie – încheie mândră doamna cu pricina.

*

Doamna mai în vârstă de pe „banca" de beton de pe o alee a spitalului radiază de bucurie. Se priveşte într-o oglindă și pare foarte mulțumită de ceea ce vede. Adevărul este că arată foarte bine. Fata cu foarfeca și pieptenele în mână trebuie să fie fiica, nepoata, fina, cine știe, o rudă mai tânără, care i-a făcut bucuria asta de sărbători. Ca pacientă, nu poți să mergi la coafor și nici nu poți să chemi o coafeză în spital, dar, ca femeie, cam duci lipsa unei minime îngrijiri.

— Nu vă supărați, doamnă... – se aude o voce din senin.

— Da?...

— Știu că nu se cade, nu vă supărați, ați putea să mă îndreptați și pe mine un pic, așa, cât să nu mai arăt ca naiba?...

Pe blocul de beton servind drept bancă, sub un gutui cu frunzele încă galbene, începe o nouă sesiune improvizată de coafor „la aparținător".

— Nu vrei să-ți facă și ție barba? mă tachinează Ana.

*

Este ziua și ora la care domnul Haralamb, orfan al Primului Război Mondial și veteran al celui de-al Doilea, merge la slujba de la biserica spitalului. Are aceeași tunică plină de decorații ca întotdeauna și cară după el același cărucior în care lumea îi mai dă câte ceva după slujbă. Are 96 de ani, locuiește singur într-o căsuță din spatele spitalului, privește tot timpul, zâmbitor, drept în fața lui, iar pentru

toţi cei care l-au văzut de-a lungul deceniilor de când parcurge acelaşi traseu, domnul Haralamb este un soi de duh blând al spitalului.
De fapt, domnul Haralamb nu are nume, nimeni nu-i ştie un nume, i l-am dat eu, aşa, din prietenie: e numele celuilalt bunic al meu, pe care nu l-am văzut niciodată. Nu ştiu dacă am făcut bine sau nu...

*

— Asta e pentru tine! îmi întinde Ana, zâmbind, o cană cu motive populare chiar reuşite.
— Mersi, dar ce-ţi veni?
— Nu mie, zâmbeşte ea din nou, sibilinic. Olguţei, doamna de la magazinul ăla, ştii tu. Şi vezi că mai e ceva înăuntru...
Mă uit şi găsesc un ban. O cană cu un ban pe post de amuletă. Să consideri un asemenea gest drept superstiţie înseamnă că eşti chiar prost de tot.
— Dar ce i-a venit?
— După ce am făcut cumpărăturile, a zis brusc „staţi puţin!" – şi s-a întors cu ceaşca: „Asta e pentru domnu'. Şi un bănuţ, să aibă noroc! Că o să aibă nevoie de noroc, vă spun eu, că am văzut cum e viaţa asta în spital...".
Din când în când mai primesc câte o ciocolată, o napolitană, o bomboană „din partea casei", tot „pentru domnu', c-o să se bucure, o să vedeţi!...".

*

Intermezzo: Halatul, pijamaua și statutul social

După ceva vreme de frecventare a acestor magazinașe din și dimprejurul spitalului, începi să realizezi un lucru surprinzător: perfecta „stratificare socială" a ofertei lor. Pe de o parte, chiar magazinele sunt diferențiate pe „clase sociale". *Cantina fără sare*, de pildă, este mai degrabă pentru *lower class*, în timp ce restaurantul din interiorul clinicii se adresează explicit unei *middle class*. Când Ana s-a întâlnit în curte cu una dintre cunoștințele sale din spital și i-a spus că merge la restaurant să ia de mâncare, aceasta a oftat: *Ei, eu nu-mi permit, ăsta este așa, mai pentru oameni înstăriți; eu merg la „Cantina fără sare"*. Mai interesante sunt strategiile de status ale patroanelor micilor magazine. În primul rând, toate au un ochi perfect exersat: te măsoară dintr-o privire și te plasează la un anumit nivel social. Pentru ele, indicatorii de status sunt intuitivi, dar nu prea dau greș niciodată: cum ești îmbrăcat, cum arăți și cum vorbești. După care își adaptează instantaneu oferta în funcție de nivelul la care ai fost încadrat. Când revii, îți fac ele oferta, căci ești deja „fișat".

— Da, doamnă, cu ce vă putem servi? a întrebat-o una dintre vânzătoare pe Ana, la începutul șederii noastre în spital.

— Aș avea nevoie de un halat..., i-a răspuns Ana ezitantă, căci nu prea era încântată de ceea ce vedea pe tarabă.

— Da, doamnă, știu ce vă trebuie dumneavoastră, a evaluat-o fulgerător vânzătoarea. Așteptați o secundă. A răscolit niște cutii de carton și a scos trei tipuri de halate de altă calitate.

Altă dată, Ana a asistat la un dialog similar, de data aceasta la magazinașul „de depanare”, cu o ofertă mult mai redusă.

— Aș dori și eu o pijama..., spune, ezitantă, o doamnă.

— Sigur, uitați! îi răspunde vânzătoarea întinzându-i pe tejghea vreo trei-patru pijamale.

— Îmi pare rău, dar nu pot să iau așa ceva, îi răspunde cumpărătoarea după o clipă de reflecție. Am nevoie de o pijama așa, mai aparte. La spital nu vii îmbrăcată oricum! Am și eu nevoie de o pijama mai arătoasă, să mă vadă și pe mine doctorii că sunt cineva...

Mai este ceva interesant: la cafeneaua *middle class* și personalul medical stă la coadă; la cafeneaua *lower class* este de la sine înțeles că asistentele și doctorii au prioritate. Și asta nu pentru că cineva ar gândi în termeni de clasă...

Și astfel de scene au loc zilnic.

*

Nu am fost niciodată băiat de cartier. Nici când m-am făcut mare, la casa mea, nu am simțit cu adevărat cartierul, deși am ținut foarte mult la el și l-am „povestit” cu nenumărate ocazii. Mă aveam bine cu vecinul din stânga și cu cel din dreapta, schimbam câteva vorbe cu încă vreo doi-trei, pe restul nici măcar nu îi știam. Dar sentimentul de apartenență, de a fi de undeva, era foarte plăcut. Aşa şi acum. Mă aflu într-un soi de cartier, am un sentiment de apartenenţă, dar mai ales prin „aparţinătoarea” mea – pe care o cunoaşte deja tot „cartierul” – şi prin poveştile ei de fiecare zi. Uneori însă, în cartierul nostru spitalicesc se întâmplă doar lucruri triste, şi atunci fragila intimitate care s-a creat între câţiva oameni de aici te face să fii trist de tristeţea altora.

Un pacient între două vârste se îndreaptă singur spre „Cantina fără sare” şi bodogăneşte pentru sine, cu capul în pământ şi printre dinţi: „M-am săturat de restaurantul ăsta până peste cap! Cum naiba să mănânci mereu singur?!”.

Relația medic-bolnav

Medicamentul cel mai des folosit în medicina generală este medicul însuși; altfel spus, nu doar flaconul sau cutia cu medicamente contează, ci maniera în care acestea sunt prescrise pacientului – de fapt, ansamblul atmosferei în care medicamentul este dat și luat.

Michael Balint

— Bună dimineața, cum vă mai simțiți astăzi, domnule Mihăilescu? mă întreabă plin de solicitudine domnul profesor când intră la mine în salon, înconjurat de întreaga sa echipă. Trebuie să mai așteptăm puțin rezultatul unor analize, după care revin să discutăm. Dar mai întâi am trecut să văd ce face pacientul, că așa procedează un medic! completează el, puțin cam sentențios, adresându-se, în mod evident, mai tinerei sale audiențe.

Pe de altă parte, mici zâmbete în colțul gurii ale unora din asistență sugerau cât se poate de clar o anumită exasperare în fața acestei atitudini desuete, de pe alte vremuri, din altă lume.

Am recunoscut lumea medicală a tatălui meu și a prietenilor săi, cu care am fost în contact în copilărie și în tinerețe, o lume în care Profesorul era rege, dar respectând cu mândrie profesională o anumită curtoazie paternă față de pacient. O lume în care adevărații clinicieni întorceau îndelung pacientul pe toate fețele: la tatăl meu, de pildă, o consultație dura, în medie, o oră. Nu era vorba despre anumite înclinații sau atitudini individuale ale anumitor medici, ci de o cultură medicală împărtășită de mai toți. La sfârșitul vieții sale – și ca un soi de testament al acesteia –, tatăl meu a scris o carte despre gândirea clinică, pe care i-am editat-o eu, dar pe care am ajuns să o citesc cu atenție abia acum: deși nu eram medic, făceam și eu parte din „noua generație", pentru care tot ritualul „vechilor clinicieni" părea într-adevăr pedant și desuet. Acum, devenind eu însumi „vechea generație" și pacient al „noii generații", sunt mult mai atent cu asemenea judecăți de valoare.

Această gândire clinică pare să se înscrie în ceea ce azi numim medicină centrată pe bolnav:

> În timp ce patologia se ocupă de studiul bolilor, clinica are ca obiect *omul bolnav*. În timp ce patologia poate să-și delimiteze și fragmenteze domeniul preocupărilor și să simplifice condițiile de studiu în funcție de posibilitățile de cercetare și necesitățile de sistematizare ale minții omenești, clinica – pentru a-și păstra individualitatea și specificul – nu trebuie să piardă din vedere niciun moment *întregul indivizibil*, obiectul concret al studiului său, *insul bolnav*. (...) Calitatea unei științe nu se apreciază după gradul de amănunțire a faptelor cercetate și perfecțiunea instrumentelor folosite. Interes științific nu prezintă numai infinitul mic, ci orice nivel de organizare a realității, indiferent de întinderea și complexitatea

sa. Nu putem nega realitatea întregului uman ca obiect de studiu sub motiv că, tocmai pentru a-l cunoaște, trebuie să îl desfacem în elementele lui componente sau să îl analizăm pe porțiuni. Întregul trebuie să rămână întreg și el constituie obiectul unei științe de sinteză, care apreciază corelațiile dintre fenomene într-un plan unic. Și această sinteză este clinica.

Apare exprimată cât se poate de clar marea convingere a acestei culturi medicale: necesitatea gândirii clinice ca știință a individualului/particularului și, în consecință, necesitatea practicii clinice bazate pe cazuistică și „centrare pe bolnav". În alt capitol al cărții sale, tatăl meu face o altă precizare dragă lui – și întregii culturi medicale pe care o împărtășea:

> Metodele statistice se pot aplica pe grupe mari de indivizi. Un pacient însă, când se consultă pentru o anumită boală, nu știe nici el – și nici medicul nu știe de la început – dacă are o boală rară. Și, dacă factorii de probabilitate ar fi respectați în mod rigid, nu ar putea fi descoperite boli noi, căci pentru o boală nouă nu există statistici. Să ne gândim numai ce s-ar fi întâmplat dacă raționamentul statistic s-ar fi aplicat înaintea recunoașterii clinice a primului infarct miocardic, în 1895! Desigur că este logic ca în fața unui bolnav să ne gândim mai întâi la ceea ce este comun, dar, dacă o astfel de ipoteză nu explică în mod satisfăcător starea pacientului, situațiile rare trebuie luate în considerare cu același titlu ca și cele frecvente.

Aici, referința la Claude Bernard, idolul tatălui meu, este cât se poate de explicită: „Tabelele statistice ale prezenţei sau absenţei [simptomelor] nu constituie niciodată demonstraţii experimentale" – afirma acesta în faimoasa *Introduction à l'étude de la médecine expérimentale* din 1865. Şi preciza în continuare:

> Cred că încercările de acest gen [statistice] sunt premature în cazul majorităţii fenomenelor vieţii tocmai pentru că aceste fenomene sunt atât de complexe, încât, pe lângă câteva dintre cauzele lor pe care le cunoaştem, trebuie nu doar să presupunem, ci să fim convinşi că există o mulţime de cauze care ne sunt însă absolut necunoscute. Cred că, în prezent, calea cea mai utilă de urmat în fiziologie şi în medicină este aceea de a căuta fapte noi, în loc de a încerca reducerea în ecuaţii a celor deja cunoscute de ştiinţă. Nu înseamnă câtuşi de puţin că eu condamn aplicarea matematicilor în fenomenele biologice, căci doar aşa se va constitui, în timp, ştiinţa; doar că am convingerea că ecuaţia generală este imposibilă pentru moment, studiul calitativ al fenomenelor trebuind să preceadă în mod necesar studiul cantitativ.

Am să mai adaug doar un pasaj, care îmi sună teribil de familiar:

> Există medici – spune Bernard – care se tem de contraprobă (*contre-épreuve*) şi fug de aceasta; imediat ce dispun de observaţii care merg conform cu ideile lor, aceştia nu vor să caute fapte contrare, de teamă să nu vadă evaporându-se propriile lor ipoteze. Am spus deja că această atitudine este foarte păcătoasă: când vrei să găseşti adevărul, nu poţi să-ţi întemeiezi în mod solid ideile decât încercând să-ţi distrugi propriile concluzii prin experienţe contrare (*contre-expériences*).

Am trăit în acest respect al „adevărului clinic" și, implicit, al pacientului. Mi s-a părut deci întotdeauna firesc, pur și simplu de bun-simț. Mi se părea de la sine înțeles că medicul trebuie să înceapă prin a asculta pe îndelete pacientul – se cheamă anamneză și intră în canonul medicinei, nu-i așa? Mi se părea firesc apoi ca medicul să „palpeze" bolnavul și eram fascinat de „intimitatea" la care doctorul ajungea cu corpul acestuia prin ochii, urechile și mâinile sale. Și îi condamnam, împreună cu tatăl meu și cu toți ceilalți „bătrâni clinicieni" care ne-au trecut prin casă, pe acei medici care dădeau un diagnostic generic și fără niciun fel de legătură cu cazul particular al pacientului. Îl aud și acum pe tatăl meu întrebând exasperat vreo doamnă trecută de șaptezeci de ani, căreia i se dăduse diagnosticul de „cardiopatie ischemică": *Câți ani aveți, doamnă? Știți ce scrie în buletinul dumneavoastră? Scrie cardiopatie ischemică!* De asemenea, încă mă mai enervez pe mitul medical al colesterolului: *Ți-a crescut colesterolul? Infarct scrie pe fruntea ta!* Nici tu vârstă, nici tu constituție somatică, nici tu alte analize, colesterolo-bau-bau-ul încă bagă spaima în bolnavii sănătoși!

Mi-am adus aminte și am reflectat la această cultură medicală abia acum, când m-am confruntat din plin cu o altă cultură medicală, din care toate aceste atitudini și practici dispăruseră în mare măsură. O primă „ciocnire a culturilor" a avut loc când, după o operație de cataractă, m-am dus la o policlinică privată să-mi ajustez ochelarii. Am plecat de acolo peste o oră fără ochelari, dar cu o serie completă de „examene", inclusiv sacrosancta tomografie, o recomandare de control neurologic şi, desigur, una de operaţie cu laser pentru nu ştiu ce „filamente" de pe fundul de ochi. Suficient cât să fii convins că ai toate şansele de a-ţi pierde vederea. Cu vocea tatălui meu încă în cap, i-am spus deci mulţumesc tinerei doctoriţe şi am înjurat în gând, după care m-am dus la alt medic. Şi, din nou, parcă îl auzeam pe taică-meu: *Ce-i cu „filamentele" astea?* am întrebat eu, incredul. *Câţi ani aveţi, domnule Mihăilescu?* m-a întrebat la rândul ei, zâmbind, doctoriţa, de parcă s-ar fi înţeles cu tatăl meu. *Păi, filamentele astea înseamnă că sunteţi miop de jumătate de secol şi că, da, peste vreo 20 de ani s-ar putea ca aceste „filamente" să vă deranjeze puţin vederea.* Şi mi-a explicat apoi, pe îndelete, despre ce este vorba.

De-a lungul ultimilor ani în care am trecut prin nişte policlinici şi în timpul sejurului actual în spital, astfel de scene s-au repetat de zeci de ori. Chiar şi în cel mai bun caz, „anamneza" se mutase în dosare şi analize; am fost trimis la un CT, cu suspiciune de început de hemiplegie, pentru că nu ştiu ce reflex la mâna dreaptă (în care aveam înfiptă la vedere o ditamai branula, înconjurată de un hematom cât palma!) nu funcţiona cum scria la carte; în alt caz, nu am schimbat nici măcar o vorbă cu doctorul, acesta uitându-se doar cu atenţie la nişte analize, după care mi-a dat o reţetă, recomandându-mi să mai vin la un control „dacă va fi cazul" etc. Zilele trecute, un vechi prieten, ceva mai în vârstă decât mine şi clinician din „vechea generaţie", profesor şi şef de clinică mulţi ani de zile, îmi povestea că a avut câteva cazuri printre propriii subalterni, care au prescris tratamentul doar pe baza rezultatelor la o listă lungă de analize şi fără ca măcar să vadă bolnavul. *A trebuit să le fac un raport la Consiliul Medicilor, dar nu s-a întâmplat nimic. I-am admonestat „administrativ", ca șef de clinică, și le-am explicat cât am putut de ce așa ceva nu se face, dar tot nimic. S-au uitat la mine cu îngăduință, căci le fusesem profesor, dar era clar că mă considerau „depășit"!* Ne-am uitat apoi unul la altul ca doi bătrânei nostalgici, conștienți de faptul că vremea lor a trecut...

*

Fac o paranteză: m-am simțit reconfortat sau chiar răzbunat într-un fel atunci când am citit în autobiografia excentricului neurolog Oliver Sacks următorul pasaj:

> Cam în această perioadă am avut o discuție cu șeful meu de la „Einstein", Labe Scheinberg.
> — Câți pacienți ai pe L-DOPA? m-a întrebat.
> — Trei, domnule, am răspuns eu cu entuziasm.
> — Vai, Oliver, a spus Labe, eu am trei sute de pacienți pe L-DOPA.
> — Da, dar eu am învățat de o sută de ori mai mult despre fiecare pacient, am răspuns, deranjat de sarcasmul lui.
> Grupurile mari sunt necesare – tot felul de generalizări devin posibile atunci când ai de-a face cu un colectiv –, dar ai nevoie și de aspectul concret, particular, personal, și este imposibil să surprinzi natura și impactul unei afecțiuni neurologice fără să descrii și să pătrunzi în viața pacienților individuali.

Anumite lucruri nu se schimbă odată cu modele...

*

Ce s-a schimbat deci, ce s-a câştigat şi ce s-a pierdut? Principala origine a diferenţei constă, probabil, în evoluţia tehnologiei – înţelegând prin aceasta toate progresele „materiale" ale medicinei, de la aparate la medicamente. Odată cu această schimbare s-a schimbat şi sursa puterii: distincţia profesională constă tot mai mult – şi uneori exclusiv – în accesul la resursele tehnice de vârf. Puterea înseamnă de acum în primul rând Tehnologie. Ea face diferenţa între acolo, în Occident, şi aici, la noi, căci pentru anumite intervenţii nu poţi să te tratezi decât „acolo", unde au aparatura necesară. Ea ierarhizează şi spitalele noastre în funcţie de accesul la tehnologie. Tot ea desparte şi generaţiile într-un mod similar celui care face diferenţa de la cer la pământ între utilizatorii curenţi de WhatsApp, să zicem, şi cei rămaşi la clasicul e-mail. Chiar dacă mai toţi medicii buni din „vechea generaţie" sunt şi ei utilizatori competenţi de WhatsApp, aceştia vor fi priviţi cu indulgenţă de tânăra generaţie, la grămadă, tot ca „depăşiţi". Dar şi în cadrul acestei „noi generaţii" există diferenţe de atitudine. Există, pe de o parte, preoţii Tehnologiei, vestale ale Templului, Stăpâni ai inelelor, care se consideră deasupra muritorilor de rând, căci sunt în contact direct cu Aparatul. S-ar zice că iar sunt răutăcios, dar nu este aşa. Am întâlnit suficient de multe cazuri de fetişizare a aparaturii medicale, a RMN-ului sau CT-ului, de pildă, atât de medici, cât şi de pacienţi, pentru a susţine această afirmaţie. Am trecut şi eu printr-o serie de astfel de aparate, fără de care probabil că n-aş mai fi în viaţă acum. Nu este deci vorba de cine ştie ce conservatorism sau refuz al progresului din partea mea. Câtuşi de puţin! Ceea ce este însă amuzant – dacă n-ar risca să fie dăunător – este *atitudinea* faţă de această tehnologie. De când a apărut, ea a fost o prelungire exo-somatică a doctorului, a ochilor, urechilor şi mâinilor sale. Aceste „prelungiri" pot ajunge acum acolo unde medicul clasic nici nu ar fi putut visa vreodată. Această „externalizare" este deci minunată. Amuzantă însă, după cum spuneam, este ingenuitatea cu care mulţi medici îşi declamă puterea tocmai în momentul şi în măsura în care, de fapt, au pierdut-o în favoarea tehnologiei, au „externalizat-o" în Aparat, iar ei au devenit simpli slujitori ai acestuia: o putere prin procură. Însă riscul apare atunci când medicul externalizează şi gândirea, ca să spun aşa, lăsând Aparatul să şi gândească în locul lui: numeroşi pacienţi, mai mult sau mai puţin bolnavi, au fost nenorociţi în felul ăsta. În ceea ce mă priveşte, de câte ori am fost pus într-o astfel de situaţie de-a lungul vieţii, i-am mulţumit tatălui meu că m-a imunizat fără intenţie împotriva verdictelor medicale categorice şi pripite, acel gen de *dixit* care miroase a suficienţă.

Există însă – şi am avut parte de aşa ceva – şi cealaltă categorie, a iubitorilor de tehnologie, a celor care efectiv „palpează" corpul bolnavului şi îi „vorbesc" cu senzorii şi braţele invizibile ale aparatelor. În repetatele mele coronarografii, am avut parte de un medic extrem de serios altminteri, dar care vorbea cu „aparatul" şi invoca corpul să i se destăinuie: *Hai, încă puţin, Lotte* (aparatul avea şi un nume de alint, precum o amantă secretă!), *hai să vedem şi aici, aaaaşa... da, asta e, vezi?* Şi tot aşa vreo jumătate de oră, după care, preţ de încă vreo jumătate de oră, mi-a explicat, împreună cu cardiologul care mă trata, ceea ce văzuse în mine cu ajutorul lui... Lotte: am simţit că mă aflu în faţa unei tehnologii animiste, că este posibilă şi un soi de „tehno-empatie". De fapt, nu există o discontinuitate necesară între gândirea clinică cu mai puţină tehnologie şi cea cu mai multă tehnologie, ci doar între mai puţină şi mai multă gândire clinică. De asemenea, performanţele tehnice nu legitimează câtuşi de puţin reducerea comunicării cu pacientul. Şi totuşi, este ceea ce se întâmplă – ceea ce mi s-a întâmplat şi mie – în prea multe cazuri.

Legat probabil de fetişizarea tehnologiei, relaţia medic-pacient – de care am avut parte şi eu şi pe care am putut-o observa în jurul meu – păstrează dimensiunea „paternalistă", dar pare s-o fi pierdut pe cea „holistă". Această abordare este considerată a fi pur şi simplu modul „normal" de a te raporta la bolnav şi de a-l trata. În cadrul acestei noi „culturi" medicale, diferenţa este doar una de „bune maniere", pe care unii le au şi la care ţin foarte mult, în timp ce altora le cam lipsesc şi nici nu par să le ia prea mult în considerare. Deşi în inexplicabilă pierdere de statut în societatea noastră postsocialistă, medicul rămâne totuşi reprezentantul sistemului de putere al medicinei şi, în consecinţă, purtătorul unei puteri considerabile. Odată ajuns în spital, tot românul se conformează acestei puteri, chiar dacă în afara spitalului o poate contesta, acuza, suspecta, acuza şi bârfi *ad libitum*.

O relativă particularitate românească în această privință constă în lipsa de încredere. Dacă Medicul mai este încă o figură de Putere, relaţia bolnavului cu el este mediată de o profundă lipsă de încredere în structurile de putere: ştim de mult şi este confirmat de fiecare nou sondaj că România a fost şi rămâne ţara cu cea mai scăzută încredere în instituţiile statului din Uniunea Europeană, inclusiv în instituţiile sistemului de sănătate. În cifre, această atitudine se prezintă astfel: 66% dintre respondenţii unui sondaj IMAS (Institutul de Marketing şi Sondaje) din 2016 au multă şi foarte multă încredere în medici, dar încrederea în spitalele de stat este de numai 35%. Conform altui sondaj, mai detaliat, realizat de Centrul de Sociologie Urbană şi Regională (CURS) în 2018, cota de încredere în sistemul de sănătate se află doar la jumătatea celei atribuite medicilor, doar 14% dintre respondenţi având încredere în politica guvernului în domeniul sănătăţii.

Aceste statistici sunt expresia unei stări de fapt şi a unor practici curente. Într-o societate în care nu prea poţi să ai încredere în instituţii, vei căuta indivizi în care poţi avea încredere, căci, vorba românului, „oameni suntem!". Concret, majoritatea românilor nu au încredere în sistemul de sănătate şi nici în spitale, dar vor căuta *doctorii de încredere*, fiind convinşi în sinea lor că individul este întotdeauna fisura din sistem, graţie căruia se pot „descurca". Oamenii îşi transmit aceste „relaţii" aşa cum transmit cuiva datele de contact ale unui zidar de încredere: *Ştiu eu un doctor bun!* Odată găsit *medicul* din spatele *sistemului*, acesta va fi învestit cu putere, pacientul poziţionându-se aproape reflex în postura de dependență: chiar dacă, eventual, medicul nu se consideră într-o relație de putere, într-un fel, el va fi forțat de pacient să intre într-o astfel de relație. „Paternalismul” devine astfel aproape inevitabil. L-am acceptat – și aproape că l-am căutat – și eu încă din primele zile: aveam nevoie de *încredere*! Căci despre liniștirea pe care ți-o aduce încrederea în cel care te tratează este vorba, și nu despre cine știe ce altă tară din „ADN-ul Românului”.

Una peste alta, în toate aceste cazuri prin care am trecut și eu sau despre care doar am aflat, unele duse la limită, altele pur și simplu „canonice”, se poate vorbi de un soi de „centrare pe boală 2.0”, în care autoritatea „paternalistă” a medicului este întemeiată pe – sau chiar înlocuită de – tehnologie. Iar tehnologia singură, de capul ei, oferă tot o „statistică” a bolilor ca pe vremea lui Claude Bernard, chiar dacă mult mai precisă, riscând, ca și atunci, să piardă bolnavul și particularitatea acestuia. În plus, tehnologia nu vorbește cu pacientul (oricât ar fi el de „informat”!), ci exclusiv cu doctorul. Iar în măsura în care acesta are încredere deplină în precizia tehnologiei, chiar nu mai vede de ce ar trebui să piardă timpul vorbind și cu pacientul.

*

În fond, am realizat eu la un moment dat, aceste diferențe de abordare și de atitudine fac parte dintr-un conflict mult mai general, ceea ce în științele sociale se cheamă, relativ mai recent, *structure* versus *agency* şi este, de fapt, o reformulare a dilemei mai vechi: ce a fost mai întâi, societatea sau individul? „Structura" sau „societatea" trimit, în feluri diferite, la autoritate, la condiţionări superioare şi anterioare individului, deci la relaţii de putere în cel mai bun caz „paternaliste", în care „individul" este esenţialmente dependent de „societate". În schimb, *agency* exprimă explicit iniţiativa şi puterea individului, independenţa sau chiar relativa autonomie a acestuia. Relaţiile de putere se inversează deci – sau, în orice caz, tind spre o anumită echilibrare a forţelor: că e vorba de drepturile individului, de *power to the people* sau de *empowerment*, ceea ce a ajuns să se cheme *agency* a avut şi are în continuare o dimensiune revoluţionară, antisistem.

Acest raport de forţe se reproduce *sui-generis* în cazul sistemului medical şi al beneficiarilor săi şi se exprimă prin accentul pus pe boală, respectiv pe bolnav. Relaţia „clasică" este astfel una „paternalistă", între sistemul medical, reprezentat de doctor, şi pacientul dependent de medic şi definit prin... „pacienţă" (*patient*). Toate acestea ar putea fi rezumate prin tabelul următor:

Centrare pe boală	Centrare pe bolnav
General, statistică, taxonomie a bolilor	Particular, cazuistică
Abordare „analitică" (centrată pe organ)	Abordare „holistă" (centrată pe corp)
Centrare pe durere (acuze); pacientul-obiect	Centrare pe suferinţă; pacientul-subiect
Relaţie asimetrică; paternalism	Relaţie simetrică; parteneriat
Pacient	Bolnav

Statut ridicat al medicului	Drepturi sporite ale bolnavului
Responsabilitate terapeutică (a medicului)	Responsabilitate profilactică (a cetățeanului)
„Obiectivitate"	„Empatie"
Recunoaștere/identificare	Înțelegere
Monopolul expertizei (medicului)	Luarea în calcul a experienței (pacientului)
Structure	*Agency*

Centrarea pe boală este, de fapt, măsura ambiției medicinei de a deveni o știință care se întemeiază, ca orice știință, pe legi *generale* și din care *particularul* bolnavilor este sortit să dispară prin contopirea în generalitatea bolii. Pentru a deveni o știință, medicina a avut însă nevoie și de o recunoaștere socială și instituțională. Ca Știință care și-a subordonat Sistemul spitalicesc, medicina a devenit astfel și Putere. Iar această putere s-a exercitat – și se exercită în continuare –, explicit sau implicit, în relația dintre medic (ca reprezentant al Puterii) și pacient, ca „supus" al acestei Puteri.

În parcursul său istoric, această medicină „centrată pe boală" a cunoscut și practici greu de închipuit în prezent. În impresionanta sa monografie despre Freud, Élisabeth Roudinesco menționează astfel următoarea scenă paradigmatică pentru „medicina experimentală" a vremii:

> Tânărul Freud a rămas o noapte întreagă la căpătâiul unui bolnav de scorbut, pe care îl bănuia că a avut o hemoragie cerebrală. Oră cu oră, Freud a notat evoluția simptomelor și a asistat la deces observând cum ființa

> umană îndeplinește marea trecere. (...) În acea epocă, importanța crescândă a medicinei spitalicești vieneze, influențată de înmulțirea pacienților veniți din tot spațiul germanofon, mergea mână în mână cu o anumită atitudine a unor membri ai corporației, care se interesau mult mai mult de cercetare, autopsii și anatomopatologie decât de relația terapeutică. (...) În cadrul spitalului, eminențele profesiei manifestau indiferență sau, mai mult, o superbă aroganță față de pacienți. În acest fel înflorea „nihilismul terapeutic" atât de caracteristic pentru spiritul vienez al celei de-a doua jumătăți a secolului al XIX-lea. Convinși, pe bună dreptate, că bolile făceau parte din viață, adepții acestei viziuni încercau mai degrabă să le înțeleagă decât să le trateze.

Sună foarte surprinzător că până și Freud, tatăl psihanalizei și deci, într-un fel, al unei medicine cât se poate de „centrate pe bolnav", a trecut și s-a format într-o astfel de școală...

Etapele principale ale acestei istorii sunt rezumate foarte succint și clar, în același timp, de Eve Bureau și Judith Hermann-Mesfen, într-un articol din 2014, din care voi cita un pasaj mai amplu:

> Pe parcursul secolului al XIX-lea, practica medicală se transformă într-o medicină experimentală. În prima jumătate a secolului, mai întâi în Franța (la Paris) și apoi în restul Europei, învățământul medical este reorganizat în jurul metodei anatomoclinice. Teoria și practica sunt asociate grație apropierii dintre facultățile de medicină și spitale. Această metodă experimentală, considerată și o „medicină de observație", se practică la patul bolnavului spitalizat: bolnavul dispare în spatele bolii care face obiectul unei investigații sistematice. În a doua jumătate

a secolului al XIX-lea, noile tehnici (microscopul, culturile de germeni) permit dezvoltarea microbiologiei de laborator, a cărei emblemă o constituie descoperirile lui Pasteur. Aceste progrese ştiinţifice şi integrarea lor în clinică constituie o adevărată „revoluţie culturală". Bolnavul îşi schimbă acum statutul: acesta a devenit un *pacient*, iar medicina are ambiţia de a fi o ştiinţă, trecând de la o medicină empirică la una experimentală. Pe parcursul acestei modernizări a medicinei, care se continuă în secolul XX, corpul bolnavului este tot mai obiectivat. Corpul devine un suport pe care se pune diagnosticul, indiferent de singularitatea subiectului. Noţiunea de „pacient" o înlocuieşte astfel, în timp, pe aceea de „bolnav". Această noţiune, derivată din termenii latini *patiens* (care suportă, care îndură) şi *patior* (a suferi, a îndura, a suporta) şi mai ales din englezescul *patient*, trimite la ideea de „persoană care urmează un tratament medical" şi, mai exact, la aceea de dependenţă de instituţia biomedicală şi de medic. Competenţa şi autoritatea medicală sunt recunoscute şi legitimate de corpul social ca fiind singurele apte de a vindeca. Acest proces este amplificat după al Doilea Război Mondial prin „revoluţia terapeutică" – legată de apariţia antibioticelor şi de progresele din chimie, farmacologie şi tehnicile de laborator. În acest context dominat de medicina curativă, marcat de o tehnicizare tot mai mare, pacientul este considerat incapabil de a se guverna el însuşi şi este plasat sub responsabilitatea medicului. Rolul particular de „pacient" se construieşte în jurul noţiunilor de deresponsabilizare, de acceptare, de cooperare şi supunere, ceea ce Talcott Parsons a denumit „pacientul profan". Puterii absolute a medicului îi corespunde încrederea oarbă a pacienţilor în medicii lor, un mod de interacţiune care s-a convenit să fie numit modelul paternalist.

*

Abordarea holistă a tatălui meu şi a generaţiei sale de clinicieni părea să se afle la antipozi. Dar era ea şi o „medicină centrată pe bolnav” în sensul deplin al expresiei? Era, cert, o grijă faţă de bolnav, provenită dintr-o convingere profesională – chiar o „cultură” profesională – fermă, dar şi o îngrijire paternalistă în esenţa ei. Şi, în perspectivă istorică, nu era o „medicină centrată pe persoană”, aşa cum avea să se dezvolte ea în lume începând cu Statele Unite. Următorul pasaj din capitolul pe care tatăl meu îl dedică „importanţei psihicului în cercetarea clinică” este edificator în acest sens:

> În evaluarea faptelor pe baza cărora va elabora diagnosticul, aprecierea participării psihicului este fundamentală. Elementul subiectiv, suferinţa, este împărtăşit după o largă scară de înregistrare şi interpretare. A nu ţine seama de acest factor elastic în evaluarea faptelor te poate antrena pe căi complet greşite. Şi este greu pentru un medic neexperimentat să deosebească elementele relevante, ce-l vor duce la „cheia” diagnosticului, între acuzele multiple, variate, bizare şi bogat ilustrate ale unui nevrotic. Însăşi această abundenţă de tulburări subiective, aparţinând unor teritorii patologice independente unul de altul şi necorelate între ele decât la nivel central, îţi poate sugera originea lor neorganică. Medicul poate însă greşi atunci când, în loc să încerce mai întâi înţelegerea ansamblului „individ suferind”, urmăreşte recunoaşterea unui aspect parţial al tulburărilor sale, referindu-se la un model bine cunoscut – oricât de comun

ar fi el – şi identificând întreaga suferinţă cu acest model. Este deci o eroare curentă ca unei femei cu o nevroză de climacteriu, acuzând printre altele „înţepături" toracice necaracteristice, să i se pună eticheta de „cardiopatie ischemică dureroasă", intensificându-i-se în acest mod, pe cale psihică, tulburările. (...) Desigur, nu urmărim o aprofundare a psihicului omului bolnav, ci numai, la fel cum am socotit necesar ca un bun clinician să ştie când, cum şi cât să folosească aportul disciplinelor paraclinice în munca sa, tot astfel să înveţe a sesiza în ce măsură elementul psihic îl poate deruta sau, din contră, ajuta la o corectă înţelegere a individului suferind.

Psihicul face deci parte din tabloul clinic al bolnavului, dar mai mult ca „zgomot", ca „nevroză", ca psiho-*patologie*. Suferinţa trebuie luată în considerare şi ea, însă doar pentru a elibera „boala reală" (somatică!) de expresiile acestui „element subiectiv", care poate antrena medicul „pe căi complet greşite", împiedicându-l să afle „cheia diagnosticului". Atât şi nimic mai mult. Relaţia cu bolnavul era dictată astfel, pe de o parte, de convingerea holistă, iar pe de altă parte, de... politeţe: clinicienii clasici erau nişte „domni"!

Centrarea pe bolnav în adevăratul ei sens începe abia în anii 1950, cu „psihologia umanistă", iniţiată complementar de Carl Rogers (care acreditează aşa-numita *client-centered* – ulterior *person-centered – therapy*) şi Abraham Maslow (care lansează şi argumentează însăşi ideea de *psihologie umanistă*). Dincolo de diferenţele de detaliu dintre cei doi, psihologia umanistă împărtăşeşte, teoretic, respingerea teoriilor dominante ale vremii, behaviorismul şi psihanaliza, considerate prea „deterministe". Metodologic, aceasta poate fi înscrisă în deplasarea treptată a ştiinţelor sociale dinspre *structure* (deterministă prin natura sa) spre *agency*. Mai precis, *personal agency* este termenul umanistic pentru *liberul-arbitru*: „Nimeni nu poate lua decizii pentru alţii, să acţioneze pentru ei sau să le rezolve problemele", declara Rogers. Ideologic, se poate spune că cei doi inaugurează deja o abordare „antipaternalistă". Social, psihologia umanistă se va înscrie într-un mult mai larg curent contestatar de eliberare a individului. Aici va intra, mai specific, antipsihiatria „revoluţionară" a anilor 1960, dar, mai generic, şi revoluţia sexuală, eliberarea corpului, feminismul şi o serie de alte mişcări de eliberare socială şi „împuternicire" a individului.

Ce este comun şi esenţial în această abordare, în ce constau noutatea şi influenţa acestei „psihologii umaniste" şi, în speţă, ale „terapiei centrate pe persoană"? Într-o traducere poetică, principiul de bază ar putea fi formulat şi astfel: căutarea şi împlinirea *rostului* sunt o motivaţie generală şi profundă a individului uman. În limbajul autorilor, fiecare individ are un potenţial de dezvoltare personală (*individual's potential for personal growth*), pe care se străduieşte să-l împlinească (*fulfillment*), această actualizare a potenţialului său (*self-actualization*) fiind forţa definitorie a sistemului motivaţional al Omului. Am putea spune deci că tot omul năzuieşte să-şi împlinească potenţialul de dezvoltare, iar pentru aceasta nu are nevoie decât de exersarea deplină a liberului său arbitru.

În domeniul psihiatric, terapeutul va trebui să ajute în primul rând bolnavul în această străduinţă a sa, să faciliteze activarea potenţialului individual printr-un climat psihologic corespunzător. „Abordarea centrată pe client – afirmă Rogers – este o renunțare conștientă de către terapeut la controlul asupra și luarea deciziilor în numele clientului. Este facilitarea posesiunii de sine (*self-ownership*) de către client și a strategiilor prin care aceasta poate fi obținută (...), bazată pe premisa că ființa umană este un organism esențialmente de încredere, capabil să facă alegeri constructive privitoare la următorii pași în viață și să acționeze în conformitate cu aceste alegeri". Din această perspectivă, se consideră că cel mai important factor într-o terapie reușită este climatul relațional creat prin atitudinea terapeutului față de client. „Îngrijirea este mai bună atunci când recunoaște care sunt problemele pacientului, mai degrabă decât care este diagnosticul", rezumă în 2011 Barbara Starfield. Individul, bolnavul, devine principalul actor.

Această viziune și practicile care decurg din ea pot fi redate însă cel mai bine printr-un text din Lao Zi, pe care Rogers îl consideră, în *A Way of Being* (1980), citatul său favorit, care îi rezumă convingerile profunde:

> Dacă încetez să mă amestec în treburile oamenilor, aceștia se îngrijesc ei înșiși,
> Dacă încetez să mai comand oamenilor, aceștia știu cum să se comporte ei înșiși,
> Dacă încetez să mai predic oamenilor ce trebuie să facă, aceștia evoluează ei înșiși,
> Dacă încetez să mă mai impun oamenilor, aceștia devin ei înșiși.

Sunt deceniile de emancipare socială şi de „împuternicire" a individului, un fel de *Yes, I can* generalizat! Este epoca unei „culturi a autenticului", cum a denumit-o Taylor, a unui cult al corpului-proiect şi, poate mai presus de toate, a „gândirii pozitive" şi a hedonismului ideologic: *trebuie* să fii fericit! În domeniul sanitar, această schimbare socială ia forma unei mutări a accentului de la *public health-care* la *self-care* şi *self-management*: tratamentul devine tot mai personalizat şi realmente „centrat pe bolnav"; „relaţiile asimetrice" ale *paternalismului* medical sunt aspru criticate şi înlocuite cu „relaţiile simetrice" ale *parteneriatului* medic-pacient, care fac loc nu doar bolnavului, ci şi familiei acestuia în practicile de îngrijire; beneficiarul sistemului de sănătate capătă mult mai multe drepturi şi devine un „pacient informat" etc. Mai mult, este şi un bolnav „împuternicit", capabil şi doritor să-şi poarte singur de grijă: *self-care* este „o obişnuinţă pe viaţă şi o cultură", care constă în „a face alegeri sănătoase privind stilul de viaţă" pentru individ şi familia sa, de natură să le asigure tuturor sănătatea, eventual cu suportul personalului medical specializat, explică broşurile medicale dedicate *self-care*. „Beneficiile sociale ale autoîngrijirii (*self-care*) sunt pacienţii încrezători (*empowered*), cu o stimă de sine ridicată, o stare mai bună a sănătăţii, o speranţă de viaţă mai mare şi o recurgere mai limitată la serviciile de sănătate."

Există şi o raţiune pragmatică în toate acestea: „Sistemele de sănătate din lumea întreagă sunt sub presiune şi nu mai pot face faţă dacă vor continua să se centreze mai degrabă pe boli decât pe bolnavi; ele cer implicarea pacienților individuali, care să adere la tratamentul lor, să opereze modificări comportamentale corespunzătoare și să se autogestioneze (*self-manage*)", se precizează în *Declarația medicinei centrate pe bolnav* din 2006. Este adevărat, creșterea populației și mai ales a speranței de viață a dus la o suprasolicitare a serviciilor spitalicești, anumite forme de boli cronice trebuind să intre în „autogestiunea pacienților informați" și a susținătorilor și asociaților acestora.

Există însă și un revers al medaliei, unul mai degrabă pervers. În schimbul acestei *împuterniciri* și *îndreptățiri* a individului/bolnavului, responsabilitatea bolii trece aproape integral în seama sa: „Trebuie subliniată responsabilitatea personală a fiecăruia pentru propria sa sănătate", se stipulează în *Declarația drepturilor pacientului* din 1981. Dacă vrei să fii sănătos, trebuie să te îngrijești; dacă nu ești sănătos, înseamnă că nu te-ai îngrijit cum trebuia – iar asta e *vina ta ca cetățean*, nu doar ca simplu individ! Sigur, pentru asta trebuie să fii „informat", iar statul este obligat să-ți ofere această informare pe baza căreia tu să iei deciziile potrivite. Iar sistemul sanitar chiar îți oferă aceste informații (pentru care semnezi o serie de hârtii!), dar, în mare măsură, ca să se apere pe sine, și nu doar pentru a-l sprijini pe bolnav. Mai departe însă te privește. Adică? De unde mama dracului să știu eu ce alegeri înțelepte să fac? Această împuternicire a individului nu aduce deci doar fericirea „liberului-arbitru", ci, în cazul sănătății, și angoasa eșecului: eu unul parcă aș vrea înapoi la „paternalism"...

Într-o societate a *self-empowerment*-ului, încrederea în sine poate atinge însă și cote riscante de *self-care*: eu decid – pentru că știu, pentru că pot și pentru că sunt responsabil – dacă urmez un tratament sau altul, dacă mă încred integral în „medicina convențională" ori aleg o „medicină alternativă" sau alta, ori le combin după o rețetă proprie. În mod sugestiv, recurgerea la medicine alternative crește direct proporțional cu nivelul de educație, căci bolnavii educați consideră că și ei au competența necesară de a lua decizia potrivită.

Nimeni nu spune că nu există valențe terapeutice surprinzătoare și eficiente ale *unor* terapii alternative în *unele* cazuri, dar trebuie să recurgem la ele doar în cunoștință de cauză, și nu din cauza supărării pe doctori. Un recent studiu de amploare realizat de Skyler Johnson și colaboratorii săi pe aproape 2 milioane de cazuri de cancer și publicat în 2018 în *JAMA Oncology* atrage atenția exact asupra acestei situații: cei care au adăugat după liberul lor arbitru tratamente alternative la măcar un tratament convențional au avut tendința să renunțe la medicina convențională și, după cinci ani, s-au ales cu o mortalitate semnificativ mai mare din punct de vedere statistic. Deși nu există statistici și în această privință, se pare că bună parte dintre cei care recurg preferențial la medicina alternativă nu au încredere sau chiar contestă sistemul în general.

Și mai este ceva. Centrarea pe bolnav, cât se poate de reală și benefică altminteri, este însoțită, inevitabil, de o creștere a birocrației care asigură exersarea drepturilor pacienților la medicina centrată pe bolnav. În plus, managementul unui sistem sanitar tot mai complex face ca evidența bolilor să devină la rândul ei din ce în ce mai complicată, necesitând alt nivel de birocrație. Nu în ultimul rând, tehnologizarea tot mai avansată îndepărtează medicina de pacient, oricât de „informat" s-ar presupune că trebuie să fie acesta. „Beneficiile de care a avut parte sănătatea grație progreselor medicinei secolului XX au condus, de fapt, la o îndepărtare de problemele bolnavului în beneficiul proceselor bolii, fără a lua în considerare modificarea contextelor în care trăiesc și muncesc oamenii, și cu un declin demonstrat în centrarea pe persoană", consideră David Haslam într-o trecere în revistă din 2007.

Devenită într-adevăr „cultură", ridicată la rang de dezirabilitate și chiar de normativitate socială, abordarea centrată pe bolnav riscă să fie adesea mai mult o promisiune decât o acțiune la îndemâna oricui. Cu o mână, societatea oferă într-adevăr condiții de exersare a „liberului-arbitru" și de împuternicire a bolnavului, în timp ce cu cealaltă pune pacientul la loc în căsuțele tot mai incomprehensibile ale birocrației medicale. În sfârșit și în mod paradoxal, creșterea puterii de alegere a bolnavului se face cu diminuarea puterii de inițiativă a medicului: eu te tratez „personalizat", dar, de fapt, tu rămâi o boală impersonală, un cod într-un catastif european sau internațional la care mă constrâng spitalul, ministerul, sistemul de sănătate, convențiile internaționale. Am trăit-o pe pielea mea când s-a pus problema continuării tratamentului în străinătate: *boala* dumneavoastră cu codul *** se tratează la fel de bine la București și la Timișoara, mi-au răspuns mai multe clinici europene, așa că nu sunteți eligibil. Da, însă *bolnavul* Mihăilescu nu mai era tratabil cu şanse rezonabile nici la Bucureşti, nici la Timişoara.

Alungată pe uşă, medicina centrată pe boală pare să se întoarcă înapoi pe fereastră...

*

La noi, acest curent de eliberare a individului a fost blocat de comunism şi începe să-şi facă prezenţa, fragmentar şi relativ aleatoriu, abia în ultimul deceniu. În domeniul sanitar însă, medicina centrată pe bolnav practic nu există. Aceasta este cu adevărat o „cultură" împărtăşită de medici şi de pacienţi, dar care la noi pur şi simplu nu există. Nici medicilor, nici pacienţilor de la noi nu cred că le-ar trece prin cap că relaţiile lor sunt – sau pot fi – relaţii de „parteneriat". Parteneriat la ce, cum şi, în ultimă instanţă, de ce? Cultura împărtăşită şi de unii, şi de alţii a rămas la noi cea „paternalistă". Cât despre toate acele servicii paramedicale de „suport psihologic" care există în toate marile clinici din lume şi care însoţesc şi ajută bolnavul în suferinţa sa nici nu poate fi vorba deocamdată (într-un mod greu de înţeles, clinicile de cardiologie pe care le ştiu aveau, în timpul comunismului, un psiholog, chiar dacă Ceauşescu desfiinţase psihologia în 1982, dar au încetat să mai aibă după căderea comunismului, când psihologia se studiază şi la universităţile din provincie!). Drept care relaţiile medic-pacient sunt aşa cum sunt, adică mai mult sau mai puţin prietenoase, în funcţie de firea şi dispoziţia de moment a medicului. Nici cei mai buni medici de la noi nu cred că iau prea mult în calcul *suferința* trăită, oricât de atenți ar fi la *durerea* obiectivabilă. Ceea ce tratează, de fapt, este mai degrabă *pacientul*, acel individ care se supune cu „pacientă" tratamentului prescris, decât *bolnavul* impacient să-și exprime suferința și să obțină înțelegerea ei. Am realizat destul de repede acest lucru, așa că am renunțat să-mi descriu suferința personalului medical și am preferat să o transcriu în jurnalul meu intim, din care s-a născut această carte.

Din ansamblul instituțional și normativ al medicinei centrate pe bolnav au fost totuși preluate și la noi câteva elemente, mai degrabă disparate, însă nu totdeauna și cele mai utile.

În primul rând, s-a schimbat ceva fundamental în ideologia și valorile societății. S-a schimbat în sensul unui individualism și al unei „împuterniciri" a individului, care câștigă teren și la noi, mai ales cu generația născută după 1990. Aceasta știe că are drepturi și că sănătatea face parte dintre ele. Vezi acest lucru mai ales în criticile întemeiate aduse sistemului de sănătate din România, dar începi să-l vezi și prin spitale. *Așa ceva nu se poate, o să chem Pro TV-ul!* amenința zilele trecute o fată de vreo 20 de ani în timp ce făcea niște poze cu mobilul la n-am prea înțeles ce. Restul pacienților, trecuți cu toții de 40 de ani, se uitau lung la ea: într-un mod cât se poate de evident, pe noi nu ne nemulțumea nimic în acea sală de așteptare – în afară de așteptarea în sine, cu care eram însă obișnuiți de mult. Diferența – ca să nu spun conflictul – între generații era cum nu se poate mai vizibilă.

Poate cea mai impresionantă diferență constă însă în recurgerea *sui-generis*, încă difuză și necoagulată într-o ideologie explicită, la ceea ce în lumea largă este acel *self-care* despre care am vorbit. În acest sens, și la noi există o publicitate tot mai agresivă, care pune accentul pe *self-management*: „Așa cum boala se naște din grijile și supărările care umbresc viața noastră de zi cu zi, și miracolul însănătoșirii stă în fiecare dintre noi. Trebuie doar să deschidem ochii și să privim cu speranță", sună reclama la un medicament vegetal miraculos de tratare a cancerului. Piața „leacurilor" merge însă de la acupunctură la virtuțile ascunse ale usturoiului, de pildă. Nu este astfel de mirare că, dacă în Occident această autoîngrijire este o *instituție*, într-o societate încă slab informată medical ca a noastră aceasta se prezintă mai degrabă sub formă de *folclor*: „am auzit că face bine". *Ați încercat cu zeamă de sfeclă?* m-a întrebat odată o vecină de salon. *Mie îmi aduc copiii câte un borcan pe săptămână și, în fiecare dimineață, iau câte o ceșcuță. Face bine la hemoglobine!* m-a asigurat apoi vecina. Alteori, această autoîngrijire poate lua forme habotnice, ca în cazul majorității membrilor mișcării antivaccin, de pildă. Sau pur și simplu „negaționiste": *Înțeleg că veniți de la spital...*, îmi aruncă peste umăr șoferul de taxi care tocmai m-a luat de la spital. *Și soția mea lucrează acolo, așa că știu...*, mai spune el. Apoi, după o tăcere destul de lungă, continuă: *Credeți că nu știu ce se întâmplă acolo? Chiar credeți că vreunul dintre medicii ăia și-ar lăsa copiii lor proprii pe mâna colegilor, să le facă tot ceea ce fac ei pacienților? Niște criminali cu toții!* conchide șoferul. *Eu nu mai iau de mult toate otrăvurile lor, mănânc ce știu că-mi face bine, am regimul meu și sunt sănătos tun. Dacă vreți, vă spun şi dumneavoastră, că înţeleg că sunteţi bolnav...* Dat fiind că am răspuns doar cu un „mde...” evaziv, a tăcut apoi tot restul cursei.

Ce au în comun toate aceste forme de autoîngrijire este o formă oarecum infantilă de „împuternicire” şi, pe baza acesteia, de subminare sau chiar contestare a *autorităţii* medicale: *Şi noi ştim cum să ne facem bine, nu doar medicii; ba chiar ştim mai bine decât ei!* Apar astfel combinaţii toxice de paternalism supus şi infantilism rebel, care îmbină recurgerea la spital, urmată sau însoţită de terapii alternative, acatiste şi, eventual, vrăjitorie. Dacă în Statele Unite recurgerea la terapii alternative este direct proporţională cu nivelul de educaţie, după cum am amintit, la noi, deşi nu sunt dovezi empirice în acest sens, sunt aproape convins că nu există o asemenea corelaţie.

Un alt element care a fost preluat din ansamblul medicinei centrate pe bolnav este canonul „pacientului informat”. Ca atâtea alte norme europene, acesta a fost introdus şi în legislaţia românească, dar mai degrabă mimetic (*de jure*) şi ipocrit (*de facto*): nicio instituţie de stat nu se ocupă cu adevărat de informarea sistematică a pacienţilor. O fac uneori, compensatoriu, asociaţiile foştilor bolnavi. În spitalele de stat ai doar o fişă pe care trebuie să o completezi de fiecare dată când revii în spital. Când am trecut pe tratament ambulatoriu, am completat de zeci de ori această fişă, adesea la interval de două-trei zile; aceeaşi şi aceeaşi fişă, ca şi cum gradul meu de informare sau alegerile mele informate s-ar fi putut schimba de la o zi la alta. De asemenea, am asistat în sala de aşteptare la completarea fişei de către sute de persoane. Inevitabil, cei care o făceau pentru prima dată cereau ajutorul „veteranilor”, iar aceştia le spuneau unde să bifeze. Nu am văzut niciodată pe cineva care să citească toate acele rubrici şi să „aleagă informat” cu care sunt de acord şi cu care nu. De fapt, ele nici nu sunt concepute pentru informarea bolnavilor, ci mai degrabă pentru protejarea medicilor. Chiar dacă la noi nu aşteaptă încă avocaţii la porţile spitalelor, presa este foarte amatoare de cazuri de scandal, care pot distruge reputaţia şi cariera unui medic, chiar şi atunci când nu este cazul. De asemenea, ştiind că „au drepturi”, tot mai mulţi „aparţinători” consideră automat că moartea înseamnă malpraxis şi cer despăgubiri exorbitante. Am asistat şi eu odată la o astfel de scenă, de o violenţă teribilă. Nişte părinţi care îşi pierduseră fata bolnavă de leucemie s-au năpustit la medicul curant şi l-au luat de guler la propriu: *Mi-ai omorât fata, criminalule, o să te dau în judecată! Ce, crezi că nu ştiu că am şi eu drepturile mele? Eşti un incompetent! Un incompetent şi un criminal!* Nu prea eram dispus să mă gândesc la acest lucru, dar îmi venea să le spun celor doi că, deşi au „drepturi”, de leucemie se mai şi moare – iar asta nu e neapărat vina medicului. În asemenea situaţii, corpul medical se poate apăra (şi) prin fişa aceea a „pacientului informat”: *Noi v-am spus care sunt şi riscurile, iar dumneavoastră aţi semnat că vi le asumaţi.* De fapt, mai nimeni nu ştie ce-şi „asumă” prin semnarea acelor fişe.

Toate aceste hârţoage şi multe asemenea fac însă viaţa grea medicilor şi mai ales asistentelor. N-am stat să cronometrez, dar cred că aproximativ o treime din timpul personalului medical este ocupat de această birocraţie, adesea inutilă şi ipocrită. Iar această inutilitate este adeseori resimţită dureros de corpul medical, căci măreşte distanţa între normă şi realitate, între ceea ce li se prescrie că trebuie să facă şi ceea ce fac ei efectiv la patul bolnavului. Nu în ultimul rând, când „cade sistemul" – ceea ce se întâmplă destul de des –, totul se blochează, iar medicii şi bolnavii se uită lung unii la alţii. Şi aşteaptă din nou.

Pe măsură ce realizam toate aceste aberaţii mai mici sau mai mari, deveneam mai înţelegător cu medicii (mă rog, cu unii dintre ei...) şi cu uneori inevitabila lor *privire distantă*.

*

Nu, categoric, încă nu poate fi vorba la noi de o „medicină centrată pe bolnav". Cultura medicală nu are cum să fie atât de fundamental diferită de cultura generală în care ne-am născut şi trăim cu toţii. Fiind o societate predominant ţărănească, am fost o cultură centrată pe comunitate; apoi, odată cu destrămarea acestor comunităţi şi dezvoltarea modern-urbană, am fost – şi încă mai suntem – una centrată pe familie; centrarea pe individ este o atitudine relativ recentă, ce pare să se încetăţenească abia odată cu „generaţia Z".

Pe de altă parte, dacă reuşeşti să te distanţezi puţin de propria ta situaţie de bolnav şi încerci să te pui şi în pielea medicilor, începi să-i înţelegi: nici ei n-au o viaţă uşoară! În mod paradoxal, această „revelaţie" m-a liniştit într-o anumită măsură: Asta e, mi-am zis, nu are rost să mă mai aştept la o relaţie medic-pacient de tip *person-centered*, pentru bunul motiv că încă nu există cultura generală pe care o presupune o asemenea relație. Dar la ce ar trebui să mă aștept atunci? Ca și în cazul *așteptării* care însoțește orice trecere prin sistemul sanitar, nu știi de fapt la ce să te aștepți nici măcar de la cel mai bun medic – iar această *incertitudine* a relațiilor tale cu medicul te poate omorî cu zile, ca să spun așa...

Boală, spital
și mecanisme de apărare

Am asistat la câteva cazuri în care, la primirea diagnosticului de leucemie, unul dintre soți – n-are importanță care – a leșinat. Când am primit aceeași veste, Ana și cu mine (evident discret și fiecare pe cont propriu) ne-am dus fiecare la laptopul său și ne-am informat despre categoriile de leucemii, tipurile de tratament, probabilitățile de remisiune etc. De ce? Ca să nu leșinăm.

Este un *mecanism de apărare* la care oamenii recurg foarte frecvent, evident inconștient, în astfel de situații; de la Sigmund, dar mai ales de la Anna Freud citire, se cheamă *intelectualizare*. Am recurs și eu la ea, iată, din prima zi de spital, fără să mă gândesc că ar fi un mecanism de apărare și fără să știu că s-ar chema „intelectualizare". De-abia mai târziu am aflat că ceea ce am făcut și eu, și Ana sunt exact comportamentele cele mai banale în acest caz. Dacă nu chiar la prima, în orice caz la a doua căutare pe Google, în mod sigur veți găsi exemplificări „for dummies" ale intelectualizării în cazul bolnavilor de cancer. De pildă: „O persoană căreia i se spune că are cancer cere detalii despre probabilitatea de supraviețuire și rata de succes a diferitelor tratamente. S-ar putea ca şi doctorul să intre în joc, folosind termenul de «carcinom» în loc de «cancer» şi «terminal» în loc de «fatal»"; sau: „Când a aflat că este diagnosticat cu leucemie, Tom nu a intrat în depresie şi nu s-a lăsat cuprins de sentimente de anxietate şi supărare, ci s-a aşezat să caute informaţii despre boală şi ce implică aceasta, s-a interesat de grupuri de self-help şi încearcă să se raporteze la situaţie în acest fel". În esenţă, despre asta este vorba cu „intelectualizarea": un soi de „fugă în abstract", respectiv de „izolare a afectului", care permite evitarea unor emoţii inconfortabile prin abordarea lor ca problemă abstractă, ce poate fi rezolvată exclusiv pe cale logico-raţională; exit afectul. Sau, aşa cum este definită ea în dicţionarul clasic al lui Laplanche şi Pontalis: „proces prin care subiectul încearcă să dea o formulare discursivă conflictelor şi emoţiilor sale pentru a le domina". Exact ceea ce făcuserăm şi noi!

Da, mi s-a părut evident să mă interesez de aceste lucruri şi apoi să continui acelaşi gen de întrebări cu medicul care urma să mă îngrijească. Am realizat mult mai târziu că toate întrebările erau informaţii abstracte: procentul de remisiuni în general, în funcţie de vârstă, în cazul meu în mod particular, dacă şansele de remisiune (nu riscul de moarte!) ar fi mai aproape de 20% sau de 30% (ceea ce era evident o tâmpenie), după care chiar mi-am făcut o strategie pe termen lung în materie de... costuri şi beneficii. Dar n-am întrebat nimic despre aspectele mai „emoţionale": cum este suportat, de regulă, tratamentul, o să mai pot ieşi din spital în toată această perioadă şi, mai presus de toate: *doctore, o să doară?*

Nu nevoia și deprinderile de cunoaștere rațională intră aici în joc, ci scopul (inconștient) pentru care sunt utilizate: îndepărtarea afectelor angoasante. Partea proastă e că, fie el și „încapsulat", afectul rămâne acolo și, la un moment dat sau altul, într-un fel sau altul, va ieși din nou la suprafață... Altminteri, nu orice „formulare discursivă" ascunde o conflictualitate emoțională ce se cere stăpânită și nu orice „intelectual" formulează texte abstracte pentru a se feri de emoții invadatoare: „intelectualizarea" din jargonul psi este cu totul altceva decât activitatea obișnuită a intelectului.

De ce anume te „apără" un astfel de mecanism? De angoasa morții și a unui lung lanț de suferințe pe care îl evocă, în mod firesc, diagnosticul de leucemie. Exact această imagine a morții – singura reală, singura onestă – a fost evocată în mintea persoanelor care au leșinat. Dacă nu ești „apărat", iată, leșini; e simplu și limpede!

M-a fascinat tot mai mult să observ diversitatea de mecanisme de apărare din lumea spitalului, dar mai ales a celor proprii: despre unele n-am avut nici cea mai mică idee, despre altele mi-am dat seama că au altă semnificație și sunt mult mai complexe, iar despre ansamblul lor am realizat că denumirile și clasificările academice diferă de la perspectivă la perspectivă și de la școală la școală. În consecință, am renunțat de la început să caut încadrarea precisă a observațiilor sau trăirilor mele într-un tip sau altul de mecanism de apărare, dar m-am folosit de descrierile științifice ale tipurilor de mecanisme de apărare pentru a identifica valențele de apărare ale unor comportamente ale mele sau ale altora. În orice caz, datorită „mecanismelor de apărare", am aflat multe despre mine, despre cei din jur şi, da, despre Om în general.

*

Intermezzo: Simptomul este limbaj

Profesorul de pneumologie François-Bernard Michel a avut în 1984 o idee ciudată atât pentru medici, cât şi pentru literaţi: să privească, din perspectiva medicului, dar cu deschiderea artistului, ce a însemnat astmul în viaţa unor mari artişti francezi. Ce a „însemnat" nu în sensul „întrebării copilului: *De ce?*, ci întrebarea grecului antic, întrebarea despre sens: *Ce vrea să spună aceasta?*", precizează Michel. Iar astmul, mai mult şi mai intens decât alte afecţiuni, vrea să spună mult mai mult decât ne imaginăm de regulă.

Doctorul Michel preia şi dezvoltă o idee de care Proust, Valéry sau Gide au fost conştienţi şi pe care au susţinut-o la vremea lor: *simptomul este limbaj*. „Nu cred deci că este riscant – afirmă Michel la rândul său – să postulăm că acest simptom manifestă o suferinţă care, neputând fi *spusă* (sau neputând fi auzită), s-ar exprima prin *limbajul* dureros şi sonor al obstrucţiei bronhiilor. Cu atât mai mult cu cât un traumatism psihologic apare uneori la originea acestei suferinţe."

Un limbaj pentru a spune ce? se întreabă mai departe Michel. „*Indicibilul*, ceea ce nu ştim sau nu putem să spunem prin cuvinte, *inefabilul*, ceea ce este prea violent sau dureros pentru a fi vorbit." „Nu există cuvinte pentru anumite stări – constata Paul Valéry; atunci, nişte organe care nu au deloc această funcţie trebuie să preia aceste eforturi neputincioase de exprimare, de expulzare."

Am ştiut vreodată acest limbaj al corpului, l-am uitat, a fost el reprimat de practica medicală pozitivistă în lipsă de „probe empirice concludente"? Nu ştiu, dar l-am auzit din primele zile de spital, fără a-l înţelege însă prea bine nici acum...

Ceea ce mă intrigă însă mai mult este în amonte de această teză. E un lucru pe care îl sugerase deja Freud: „Iată deci simptomul însărcinat încet-încet să reprezinte interese importante (ale eului); simptomul tinde tot mai mult să se unifice cu eul şi să-i devină tot mai indispensabil". La aceasta se adaugă observaţia clinică a lui Michel: „Faptele de observaţie cotidiană arată că, pentru un anumit număr de pacienţi, simptomul a devenit *necesar*. Din acest moment, ne putem întreba în privinţa lor de ce au ajuns să adopte un asemenea mod de funcţionare. În fond, aceştia preferă astmul faţă de ce?". Întrebarea generică devine tot mai surprinzătoare: ce-a vrut să „spună" fiecare prin simptomul astmatic al „pierderii suflului"? După care medicul Michel declară cât se poate de explicit: nu doar bolile ajung la bolnavi, ci şi bolnavii îşi caută bolile...

Ce caut eu, de fapt, în leucemia mea, de ce am „ales" taman acest „simptom"? Sună dement, ştiu, dar nu este. Mai mult, am şi o bănuială în această privinţă – dar atunci înseamnă că într-adevăr corpul nostru funcţionează mult mai complicat decât ne imaginăm...

Acum foarte mulţi ani, mi-am rupt piciorul oribil şi prosteşte în Ţara Galilor. După trei săptămâni de stat acolo în spital, m-au trimis acasă, ca să mă delectez în invaliditatea mea cu ceea ce descrii tu în eseul tău: persoana mea redusă la stadiul de cvasilegumă. Dependenţa totală de un trup care nu se mai putea ajuta. O dată pe lună, mi se făcea o radiografie, iar după 4 luni osul tot nu începuse să se calcifice. Se cocheta cu ideea unei reoperări, grefări etc. Umblam în scaun cu rotile. Într-o zi, citesc povestea unei ziariste americane care voia neapărat să stea o săptămână printre aborigenii australieni, să trăiască aşa cum trăiesc ei. I se oferă o ocazie şi, când ajunge la marginea bush-*ului, aborigenii o dezbracă, o descalţă, îi iau ceasul, sticla de apă etc. şi se aştern la drum. Seara, duduia avea picioarele o rană vie. A venit „o doamnă mai în vârstă" şi i-a uns picioarele cu un smac, în timp ce incanta ceva în barbă (metaforică, barba, bineînţeles!). Ea întreabă: ce spune doamna în incantaţie? „Îşi cere scuze picioarelor pentru modul în care au fost tratate." Am izbit cartea de perete, incluzând-o în Liga tâmpeniilor. Ceva însă mă tot îndemna să citesc mai departe. Să mă uit la piciorul meu în stare de lebărvurst. Mi-am dat seama că, în capul meu, „EU" mă terminam pe partea dreaptă la genunchi! Apoi urma ceva care era responsabil de starea în care mă aflam: legumă. Că nu am avut* guts *să mă uit la radiografiile dinainte şi după reducere. Le aruncasem în fundul unui sertar, ca nu cumva să le văd! Că nu am atins acea parte a trupului meu de câteva luni de zile: Mihai şi Ana erau responsabili cu tratatul cicatricelor, băgatul în* Gipsschale *etc. Am întins radiografiile pe geam: am început să plâng. De mila bietului picior. Mi-am cerut scuze că l-am adus în halul ăla (?!). Am pus pentru prima oară mâna pe el și l-am – pardon – mângâiat... Seara, nu mă mai terminam pe partea dreaptă la genunchi: aveam „un musafir" pe care îl tratam cu tot respectul și... iubirea (?!) pe care mi le cerea rolul de gazdă. A încetat să mi se umfle și să mă doară. Probabil e inutil să-ți spun că în trei săptămâni s-a calcificat. Doctorul m-a întrebat ce am făcut. Nimic, am spus eu. Și m-am gândit că „mai nimic".*

Dacă cineva mi-ar fi povestit chestia asta, mi-aș fi dat ochii peste cap cu indulgență. Dar mi s-a întâmplat mie. Așa că nu îți da ochii peste cap cu indulgență: suntem mai mulți la masă. Trupul, mintea și încă ceva...

*

Când nu ajunge la struguri, vulpea zice că sunt acri. Eram încă în școala primară când această vorbă înțeleaptă a devenit, nu știu cum și de ce, principiul central al unei autovigilențe de care eram foarte mândru: Vintiluț dragă, hai să fim serioși, nu-ți place asta sau aia pentru că n-ai acces la ele, pentru că nu ești în stare să... Dar nu e grav, există și alte posibilități – îmi spuneam eu, ca un soi de Jiminy ferm, dar înțelegător. Iar această autovigilență a rămas acolo și a devenit un reflex de care nici nu-mi mai dădeam seama. Acum mă gândesc că această „luciditate" mi-a barat

1. Fără cuvinte (© Alec Bălășescu)

2. Undeva, în așteptarea operației

Preşedintele Colegiului Medicilor din România vrea să introducă în patrimoniul UNESCO <u>sintagma relaţie medic-pacient</u>, „poate aşa, cadrele medicale devin mai conştiente de efectul pe care comportamentul lor îl are asupra sănătăţii unui pacient. Deja am făcut demersul, am înaintat către Comisia Unesco din România o lucrare de filozofie şi deontologie şi morală medicală", spune Borcean.

3. Protocronism medical: relaţia medic-pacient a fost inventată de daci?

4. Fru-fru, efigia îngerului meu păzitor, care m-a supravegheat de pe frigider toată perioada cât am stat în spital

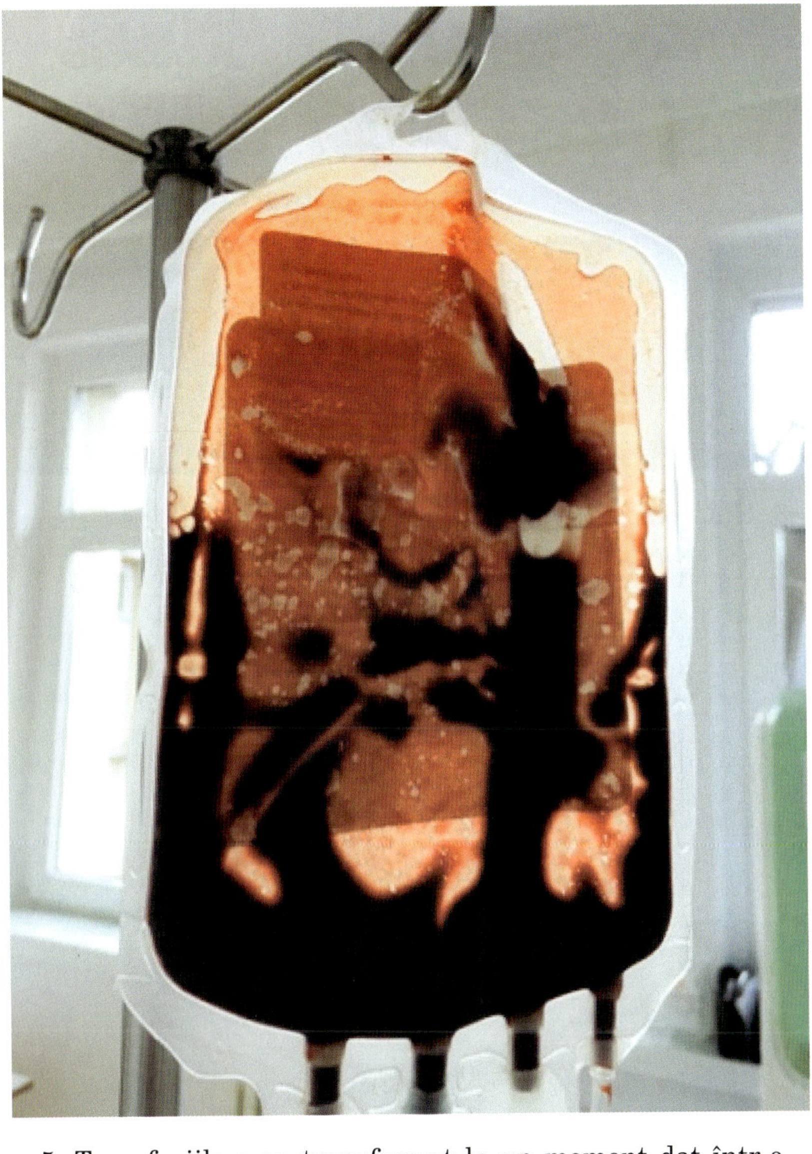

5. Transfuziile s-au transformat la un moment dat într-o succesiune de opere fascinante ale unui pictor nevăzut

6. Unul dintre restaurantele pentru pacienți, în care chiar mergeam uneori doar de dragul de a fi servit

7. Un vis recurent, fixat în caricatură de prietenul Ion Barbu

definitiv și probabil total accesul la o gamă largă de mecanisme de apărare, mai ales din zona raționalizării, dar și din cea a proiecției și a altor țapi ispășitori. Chiar nu țin minte să fi dat vina pe alții pentru diferitele lucruri neplăcute care mi s-au întâmplat din vina mea pe parcursul vieții.

Pe de altă parte, tot din adolescență am recurs la un alt mecanism de apărare, care poate intra în mai multe categorii identificate de *DSM*, dar pe care am ajuns să-l numesc, pur și simplu, *Povestea*. Prima asemenea poveste de care îmi aduc aminte – și despre care am scris și cu alte ocazii – a fost prima mea confruntare cu Miliția. Duceam pe cadru un coleg pe la Casa Scânteii, o mașină a Miliției mi-a făcut semn să opresc, iar eu am refuzat și i-am alergat pe milițieni pe aleile de la Expo până mi-a sărit lanțul de la bicicletă și am fost nevoit să opresc. Mi-am luat niște bulane pe spinare de am văzut stele verzi, am fost urcat de urechi într-o dubă și dus la Miliție. Pentru un băiat cuminte de familie bună, care la vârsta aceea nu știa încă nicio înjurătură, a fost, cu siguranță, un mare șoc, o spaimă de neuitat – dovadă că n-am uitat nici până în ziua de azi. Dar n-am uitat mai ales faptul că, odată ajuns în duba Miliției, am început să țes în minte povestea pățaniei mele. Era o povestire cu cap și coadă, cu descrieri și dialoguri, în care frica mea era însă cea a unui personaj inventat de mine. Ce alt „mecanism de apărare" mai clar vreți? Am ajuns la circa de Miliție perfect senin, mi-am cerut politicos iertare, mi-am mai luat o scatoalcă și m-am întors acasă. Nu am luat însă niciodată Povestea drept realitate: Jiminy nu mi-ar fi permis nicicând așa ceva!

Știam foarte bine care era realitatea, dar o și transferasem într-o poveste inofensivă.

De atunci m-am înconjurat mereu de povești, am trăit în Poveste, am compus diverse versiuni narative ale acelorași experiențe de viață – și m-am amuzat frecvent de închipuirile mele. Un clivaj senin, o ambivalență bine temperată: povestea era un soi de plusvaloare a existenței, am întreținut-o, am căutat-o, am provocat-o, dar nu am confundat-o niciodată cu „existența". Deși în ultima vreme am început să mă întreb tot mai mult dacă nu cumva *Povestea*, povestea în general, este partea cu adevărat umană a existenței noastre...

Nu m-am gândit niciodată atunci, în adolescență, că povestea cu vulpea și strugurii este un „mecanism de apărare" tipic. Despre mecanisme de apărare am aflat abia la Facultatea de Psihologie, dar nu pot spune că m-au preocupat, teoretic, prea mult; doar atunci când, într-o interacțiune, cineva era atât de evident nemulțumit și acuzator în mod eronat, încât îmi aduceam aminte cum se cheamă „mecanismul de apărare" pe care tocmai îl observasem. Or, în spital, mecanismele de apărare debordează în fiecare loc și cu fiecare ocazie: le vezi cu ochiul liber din prima zi, le-am descoperit treptat și la mine, evident, și, după o vreme, am început să le observ și la medici.

— Să știi că luni eu ies din spital, nu pot să mai stau, trebuie să încep aratul de toamnă!
— Nu ieși nicăieri, tată, doctorul a spus că încă nu ești bine și trebuie să mai stai până...
— Ce spui? Și ară doctorul ăla al tău în locul meu?

— *Să ştii că dacă te încăpăţânezi îţi ascund tractorul!*

— *Să nu te pună dracu'!...*

E un mecanism de apărare foarte „ţărănesc" – şi, ca atare, foarte răspândit prin spitalele noastre. Domnul cu pricina era internat la oncologie, deci presupun că ştia că nu are doar un guturai. Şi, cu toate acestea, el avea altceva mai important de făcut, *avea treabă*. I-am auzit pe mulţi că „au treabă", că n-au timp de pierdut prin spitale. E un alt mod primitiv de a te apăra de boală: o negi, nu e importantă sau, în orice caz, e mai puţin importantă decât ce ai tu de făcut în momentul de faţă – mai încolo, vom vedea... Este un fel de „politică a struţului": nu văd, nu aud – deşi, de fapt, ştiu despre ce este vorba. Această „negare" este dublată de o „raţionalizare" pe măsură: treaba pe care o ai tu în momentul respectiv e ceva „serios", aşa încât este absolut „raţional" să mai amâni toată povestea asta cu boala.

— *Mi-am cumpărat un grătar de-ăla, special, care nu scoate fum, îl anunţă un tânăr aflat în etapa de întremare pe un coleg de salon.*

— *?!...*

— *Păi mi-am dat seama de unde mi se trage: făceam prea multe grătare şi am inhalat prea mult fum – şi ăsta e cancerigen!*

— *Tu eşti prost, cum o să faci leucemie de la grătar?! îl repede colegul său.*

Omul cu grătarul nu-l ascultă însă şi laudă mai departe meritele noului său grătar.

*

— Eu nu pot să înţeleg, i se destăinuie un bărbat bine, între două vârste, unui prieten împreună cu care tocmai iese din spital. E om în toată puterea, am fost la el acum câteva săptămâni şi nu avea nici pe dracu'! Ieri la prânz a băut însă două păhărele de ţuică şi seara un păhăruţ de vin. Şi atât i-a trebuit!...

*

— Atunci a început totul, omul ăla m-a nenorocit! blestemă printre dinţi un proaspăt pacient.

— Dar tu nu ţi-ai dat seama? întreabă, prudent, prietenul său.

— De unde să-mi dau seama, eu m-am dus la dentist să-mi scoată o măsea – el *trebuia să-şi dea seama! După ce mi-a scos-o, a curs o găleată de sânge, s-au dus toate leucocitele, toate trombocitele, ce mai, el m-a nenorocit!*

Dacă nu o negi, trebuie să-ţi explici boala, mai ales când este vorba de ceva de genul leucemiei, care nu are nicio explicaţie. Trebuie totuşi să aibă o cauză – iar dacă nu este pentru că aşa a vrut Dumnezeu, atunci musai să fi făcut eu ceva sau să mi se fi întâmplat ceva, căci altfel „nu se explică": hazardul este greu de tolerat!

— Cornel, bună! Da, sunt încă în spital... Nu, nu merge prea bine, de-aia am o rugăminte la tine, că

nu vreau să le sperii pe fete. Poţi să treci tu, te rog, pe la cimitir şi să vezi care mai e situaţia cu cripta noastră, că nu ştiu dacă a mai rămas un loc în ea... Da, şi după aia, dacă poţi, treci pe la mine să-ţi dau nişte bani pentru înmormântare şi toate alea. Nu, aşa mă simt eu bine, vreau să las totul în ordine! Da' nu le spui fetelor, te rog! Bine, mersi...

Este o practică extrem de curentă la ţară, este aproape o ritualizare a morţii: te eliberezi de povara ei pregătind până în ultimul detaliu întâlnirea cu ea. Cazurile frecvente în care mai ales femeile îşi pregătesc din vreme hainele de înmormântare, sicriul, lumânările, banii etc. şi care sunt percepute de majoritatea lumii „civilizate" ca apucături de babe habotnice joacă exact acest rol. Este incredibil cât de liniştitoare poate fi Ordinea! Evident, acest lucru este la fel de valabil şi pentru orăşeni, chiar dacă ei s-ar putea să aibă alte ritualizări.

Când am ascultat fără să vreau această conversaţie, mi-am adus instantaneu aminte de tatăl meu, a treia generaţie de bucureşteni, o persoană poate chiar excesiv de raţională şi mai ales ordonată. Spre disperarea mea, m-a luat de mai multe ori să-mi arate exact unde a pus banii de înmormântare, banii pentru alte cheltuieli, hainele de înmormântare, lista persoanelor pentru parastas cu adrese şi număr de telefon, precum şi un plic cu nişte euro, în caz că va fi nevoie. Abia după ce a murit mi-am dat seama cât de important a fost acest lucru pentru el şi cât de mult l-a ajutat să moară în linişte.

*

În mod paradoxal, deşi înseamnă o totală pierdere a controlului, spitalul poate fi şi lumea lui cere-şi-ţi-se-va-da – desigur, o „cerere şi ofertă” în condiţii de spital. Vorbesc aici despre un mecanism de apărare, unul dintre cele mai primitive, viclean precum o chemare de sirenă, cunoscut uneori drept *regressus ad uterum* sau, mai recent şi colocvial, *cocooning*. Pe scurt, este vorba de faptul că, până şi în spital, poţi să-ţi (re)găseşti, să-ţi construieşti un spaţiu de confort psihic relativ şi comparativ mulţumitor. Dar este un spaţiu de siguranţă, pe care începi să-l lărgeşti şi să-l consolidezi. Ştiam despre ce este vorba din facultate, dar asta nu m-a împiedicat câtuşi de puţin să cad în mrejele lui şi să mă lăfăi (mă rog, în măsura în care acest termen are vreun sens în spital) în noul meu spaţiu de siguranţă şi confort. Mai întâi de toate, dormeam ca un prunc, mai ales ziua, sub veghea doctorilor şi ocrotirea Anei. Apoi, fără să-mi dau seama, am început să o exploatez pe Ana ca un copil răsfăţat: poţi să-mi dai, te rog, aia, sau aia, sau ailaltă? Şi am stors-o de toată vlaga... Uneori chiar eram ţintuit la pat, dar, în majoritatea cazurilor, toate acestea îmi erau la îndemână. Da, dar ce plăcut e să fii îngrijit! Îngrijit şi de asistente, cu care am început să mă răsfăţ (selectiv!) tot mai mult. Îmi era cam rău, dar era atât de bine!...

— Cam câţi ani îmi daţi? întreabă cu un acces brusc de cochetărie o aprigă ţărancă moroşeancă.

— 60?..., evaluează cu prudenţă o doamnă din sala de aşteptare.

— 71! ne anunţă pe toţi ţăranca. După care continuă: Eu vin aici în spital din 1994, dar nu m-am dat bătută. Nu trebuie niciodată să coconeşti boala, că altfel te încalecă.

După care ne explică tuturor:

— Şi nu trebuie să renunţi la plăcerile tale. Eu am continuat să beau un pahar de vin la prânz şi unul de ţuică seara, deşi doctorii mi-au spus că nu e bine – da' uite că a fost bine! Acum vin doar aşa, la control, din când în când...

Într-un mod la fel de paradoxal, deşi înseamnă o regăsire a controlului şi o revenire la spaţiul de confort şi siguranţă al casei, exact această întoarcere acasă pentru câteva zile poate fi foarte angoasantă. Paradoxal, dar banal: tocmai îţi găsiseşi un spaţiu protejat şi sigur, un spaţiu adăpostit şi călduţ, şi atunci, de ce să te dai jos din pat? Mai important, acasă eşti singur cu responsabilitatea propriului corp: dacă i se întâmplă ceva? Când s-a pus problema să mergem mai multe zile acasă, de Crăciun, a început să-mi crească tensiunea. Cum doctorii nu prea cred în psihologie, am ajuns din nou la control la cardiologie, unde, bineînţeles, nu mi-au găsit nimic nou. Apoi, în apropierea plecării, am avut o noapte de coşmar, cu senzaţia de sufocare; a doua zi, a trecut. Doar Ana vedea cum mă scufund pe zi ce trece în această frică de asumare a controlului. Pentru mine, toate simptomele erau cât se poate de „biologice": raţionalizarea te ajută întotdeauna în asemenea cazuri. Spre final am făcut şi febră, dar a fost prea de tot: *Domnule doctor, am făcut febră...*, am anunțat eu. *Cât?* s-a îngrijorat el. *37,2*, l-am informat. De data asta chiar s-a enervat: *Hai, dați-o încolo, domnule Mihăilescu, sunteți băiat de medic, asta nu e febră, este cine știe ce adaptare de moment.* Și a dat să plece. Apoi, din ușă, mi-a mai spus: *Ia dați-vă jos din pături să vedem dacă mai aveți febră!* Peste vreo zece minute mi-am luat halatul și m-am dat jos din pat. Din pură curiozitate, mi-am luat și temperatura: 36,5. A devenit clar chiar și pentru mine că o făcusem de oaie, că m-am comportat precum acei copii de pe vremuri care înghițeau niște cretă înainte de examene ca să facă febră și să scape. I-am spus Anei. *Am așteptat să văd cât îți mai trebuie...*, mi-a răspuns ea, de data asta pe un ton ușor exasperat. Faptul că acum știu și despre ce e vorba, și ce am de făcut nu înseamnă însă că îmi va fi mult mai ușor: mecanismele de apărare dispun de tine, nu tu de ele!

Mecanismele de apărare sunt, de fapt, pretutindeni și ne însoțesc tot timpul: suntem un pachet de mecanisme de apărare. De ce avem nevoie de ele? Răspunsul prim și ultim în această privință îi aparține tot lui Freud: „Viața nu e ușoară!". Altfel spus, în moduri și grade diferite, orice viață normală este angoasantă și afectează permanent, într-un fel sau altul, integritatea biopsihică a persoanei. Mecanismele de apărare sunt un fel de sistem imunitar al psihicului: pur și simplu ne apără, pe cât posibil, de încercările vieții atunci când acestea devin greu de înghițit.

— Ce s-a întâmplat, nu te simți bine? am întrebat-o la un moment dat pe Ana, care, în mod vădit, nu era în apele sale.

— Nu, ce să se întâmple? mi-a răspuns ea peste umăr, privind în gol. Doar că mă simt, nu știu... înghețată – a adăugat peste ceva timp.

Este și acesta un soi de „mecanism de apărare", bazal, global, un soi de anestezie generală: cioc, cioc, e cineva acasă? Nu, nu e nimeni! S-au tras obloanele și niciun stimul nu te mai poate afecta; funcționezi „pe pilot automat", ceea ce îți permite să salvezi ultimele picături de energie care ți-au mai rămas.

Un studiu al mecanismelor de apărare activate cel mai frecvent în spațiul Spitalului ar putea constitui o radiografie revelatoare a potențialului anxiogen specific – și astfel o critică de o cu totul altă natură a sistemului de sănătate în general. Mult mai important, un astfel de studiu ar putea fi de folos atât pentru pacienți, cât și pentru personalul medical. Dar, după cum am văzut, astfel de „psihologisme" nu prea interesează medicina românească, iar mecanismele de apărare cu atât mai puțin. Sigur, ele sunt menționate în cursurile de psihologie, dar cam atât. Din pură curiozitate, am căutat pe internet „*defense mechanisms – psychology*" și am obținut 4.570.000 de rezultate; am tastat apoi „*mécanismes de défense – psychologie*" și au fost afișate 1.380.000 de rezultate; echivalentul în română pentru „*mecanisme de apărare – psihologie*" a fost de 15.200 de rezultate. Am căutat apoi *„mecanisme de apărare și cancer"*: am obținut 53.000.000 de rezultate în engleză, 1.370.000 în franceză și 133.000 în română – dar, în cazul nostru, marea majoritate se referă la mecanisme biologice (celulare etc.) de apărare, și nu la mecanismele psihologice de apărare. De asemenea, în primele zece pagini nu am găsit niciun studiu, niciun articol care să se refere, de fapt, la o analiză a incidenței și rolului mecanismelor de apărare în cazul bolnavilor de cancer: erau doar referate de seminar și mici sfaturi psihologice pentru curioși... La o căutare mai aprofundată, tot ce poți să găsești sunt mici popularizări oneste din partea unor clinici și cabinete private de psihologie și/sau psihoterapie.

Să adaug la toate acestea și faptul că la începutul anilor 1980 s-au înființat societăți de psiho-oncologie în Anglia (The British Psychosocial Oncology Society), Statele Unite (American Psychosocial Oncology Society), Franța (La Société Française de Psycho-Oncologie), precum și International Psycho-Oncology Society, înființată în 1984, iar în Germania, psiho-oncologia este de decenii un domeniu de sine stătător (*Fachgebiet*). Scopul tuturor acestor asociații profesionale nu este doar unul de cercetare, ci poate în și mai mare măsură unul educativ, atât pentru personalul medical, cât și pentru bolnavi. Dar nu e nevoie să analizezi acest macro-context – este suficient să te uiți la ce te așteaptă pe tine, pacient obișnuit, într-o clinică de profil din Europa. La faimosul AKH din Viena, de pildă, pe lângă serviciile de specialitate, ești însoțit și sfătuit permanent de următoarele șapte servicii auxiliare, care intră în pachetul de bază al tratamentului: Psihologie clinică,

Asistență socială, Fizioterapie, Consiliere de Medicină Nutrițională, Reabilitare Oncologică, Psiho-oncologie și „banale” sfaturi de îngrijire. La spitalul Saint-Louis din Paris te așteaptă, pe de o parte, o asistentă a spitalului, care te va însoți și îți va încadra tot parcursul tratamentului, iar pe de altă parte, un voluntar al asociației EGMOS3, alcătuită din foști pacienți și familiile lor, dar și *„les dames en rose”*, o asociație de voluntari care propun diverse activități creative și adecvate de loisir. Acestea, desigur, pe lângă serviciile specializate, care merg de la psihologi la dieteticieni. „Fiecare pacient beneficiază astfel de o abordare personalizată”, conchide prezentarea generală a spitalului. Ceva similar este însă greu de imaginat, deocamdată, în România...

Eu eram însă într-o altă poziție: mă interesa mult mai mult să mă uit în jur, la mecanismele de apărare ale celorlalți, pentru a înțelege mai bine ce se întâmplă cu mine, care sunt mecanismele de apărare la care recurg eu însumi. Și mă interesa apoi ce spun aceste mecanisme de apărare despre condiția umană în general – ceea ce, îmi dau seama acum, când scriu aceste rânduri, este tot un mecanism de apărare, o formă de „intelectualizare”, de a pune la distanța serenă a abstractului propria ta experiență neliniștitoare. În orice caz, nu era treaba mea – și nu mă interesa – să clasific și să încadrez trăirile și experiențele mele într-o taxonomie precisă a „mecanismelor de apărare”. Și aceasta din două motive: în primul rând, deoarece eram interesat doar de semnificația general umană – și astfel oarecum paraștiințifică – a diferitelor mecanisme psihologice de apărare la care recurg unii sau alții, la care recurgem de fapt cu toții; în al doilea rând, deoarece o asemenea „taxonomie precisă", care să întrunească un consens general, nici nu există: specialiştii de diferite orientări nu reuşesc, se pare, să cadă de acord în această privinţă. Cu toate acestea, îmi devenise clar că nu poţi să treci pe lângă mecanismele de apărare; a le nega sau a le evita constituie... tot un mecanism de apărare!

Bolnavii şi mecanismele lor de apărare

Spitalul, confruntarea explicită cu boala şi suferinţa, perspectiva unei morţi care pluteşte în aer, toate acestea schimbă radical raportarea bolnavului la el însuşi şi la propria viaţă. Uneori însă, într-un mod care poate părea aberant când este spus ca atare, boala poate oferi „beneficii primare" şi „beneficii secundare", asupra cărora ne-a atras atenţia, iniţial, tot Freud. Boala poate să suspende, de pildă, un conflict cronic şi insuportabil, să amâne *sine die* o problemă economică, să pună între paranteze o dilemă profesională care te rodea mult mai mult decât ţi-ai dat seama, pe scurt, să elimine surse de stres alternative, poate chiar şi angoase mult mai profunde, rămase însă ascunse la umbra inconştientului – aceasta putând constitui chiar o parte din „etiologia" bolii. Alteori, poate fi doar o punere în scenă a bolii: „Când eram în armată – îşi aminteşte amicul meu psihanalist –, am construit o argumentaţie foarte raţională cum că acum e momentul potrivit să mă operez de hernie, care, de fapt, nu mă deranja. Dar mi-am adus aminte că parcă am aşa ceva – şi atunci a început să mă deranjeze. A fi bolnav şi a sta în spital erau, de fapt, un fel de a trage chiulul de la instrucţie – care era un chin pentru mine, sper că nu mai e nevoie să-ţi explic!...". Există apoi şi „beneficii secundare" – deşi, adesea, este greu să stabileşti frontiera lor: atenţia suplimentară pe care s-ar putea să o primeşti din partea celorlalţi, pur şi simplu concediul medical sau, mai profund, acea „regresie *ad uterum*" pe care spitalul o poate oferi unora, făcându-i să-şi prelungească, inconştient, boala.

Experienţa clinică actuală sugerează că există numeroase cazuri în care „boala aproape este bine-venită". De regulă însă, boala este o angoasă suplimentară şi (relativ) neaşteptată: ea nu înseamnă doar disconfort, durere, suferinţă, ci şi o posibilă prăbuşire a imaginii de sine (*ce-am fost şi ce-am ajuns!*), conştientizarea unei rupturi în traiectoria carierei, a relaţiilor sociale, a vieţii înseşi: o „pauză în viaţă", cum îmi spunea o prietenă trecută printr-un cancer. Anxietatea produsă de confruntarea cu boala, oricât de reprimată ar fi de unii, generează întrebări existenţiale – care pot fi reprimate, la rândul lor, dar nu pentru multă vreme: *Mai merită să trăiesc, pentru ce merită să trăieşti, a meritat să trăiesc aşa cum am trăit?* Şi, adesea: *După ce scap de aici, încep o viaţă nouă!* Mai ales bolnavii de cancer remişi au un soi de „înţelepciune" care li se trage din intimitatea îndelungată cu astfel de întrebări.

De aceea, mecanismele de apărare sunt extrem de importante în spital. Sunt importante pentru bolnavi, care își actualizează, fără să știe, repertoriul; și ar trebui să fie importante și pentru corpul medical, care ar trebui să poată sprijini cât de cât mecanismele propice remisiunii bolii și să le deturneze pe cele care îl blochează pe bolnav în boala sa. De fapt, o minimă psihologie clinică ar trebui să facă parte din instruirea de bază a întregului personal medical, măcar pentru a putea identifica mai ușor o simptomatologie de origine „net" psihică. La un moment dat, de pildă, am făcut un episod minor de atac de panică: ne-am speriat și eu, și doctorul, și am trecut din nou prin trei secții și trei examinări, pentru a constata că n-am absolut nimic somatic. Peste câteva zile, după ce m-am întors din periplu, am sunat o bună prietenă, psihologă, și i-am povestit „simptomatologia" mea și faptul că doctorii nu i-au găsit niciun fel de explicație. *Cred și eu* – mi-a zis –, *pare a fi un episod clasic de atac de panică; evident că nu are nicio cauză somatică vizibilă!* Pun pariu că nu eram primul asemenea caz din spital, dar probabil că nici pacienții, nici doctorii nu au înregistrat astfel de cazuri, pentru bunul și simplul motiv că, de regulă, majoritatea confundă atacul de panică cu simpla și elementara frică. *E bine că ne-ați spus că faceți atac de panică, să știm și noi cum procedăm* – i-a zis odată o doctoriță binevoitoare unei paciente, care îi spusese pur și simplu că îi este frică de puncție. Iar asistenta mea își mai aducea încă aminte de un chirurg care nu făcuse nicio injecție în viața lui și a atenționat-o că îi e frică de ace. *Nu l-am crezut, dar, când m-am apropiat de el să-i iau sânge, a leșinat!* mi-a povestit asistenta.

Printre toate acele fișe birocratice dedicate „pacientului informat”, poate că n-ar strica și una în care să i se explice că, precum Monsieur Jourdain, care făcea proză fără să știe, și el va uza de mecanisme de apărare despre care nu știe nimic. Acest lucru nu este însă posibil din bunul și simplul motiv că foarte puțini sunt cei care au auzit măcar de mecanisme de apărare (în sensul academic al expresiei) și nimeni nu știe care sunt mecanismele de apărare la care recurg cel mai frecvent diferitele categorii de bolnavi...

Astfel de cercetări există însă în numeroase țări. Prin ele, ne putem măcar imagina ce se petrece, probabil, și în spitalele noastre. Iată, de pildă, cu titlu strict de ilustrare, o astfel de sistematizare a celor mai des întâlnite mecanisme de apărare în cazul bolnavilor, elaborată de psihanalista Martine Ruszniewski. E foarte probabil ca psihanaliști din alte școli și psihologi de alte orientări să nu fie de acord, în anumite privințe, cu lista lui Ruszniewski, dar pentru mine a fost doar o grilă de lectură a unor comportamente cu care m-am confruntat – și doar în măsura în care m-am confruntat – la rândul meu în spital.

Regăsim, pe primul loc, acea (de)negare pe care am invocat-o deja. Pacientul neagă în întregime realitatea bolii – amintește Ruszniewski: e ca și cum nu ar exista, „te faci că plouă” –, cel puțin pentru moment, căci situația este prea gravă pentru a putea fi „ținută sub preș” la nesfârșit. Ruszniewski adaugă o precizare interesantă referitoare la *déni*: negarea socială și relațională. Până aici nimic nou, dar următoarea descriere mă ia prin surprindere:

> [negarea socială și relațională] este o formă de serenitate aparentă. Pacientul știe, dar nu vrea să vorbească despre aceasta în mod deschis. Sau, dimpotrivă, pacientul spune totul celorlalți pentru a se elibera, instalându-se într-o postură care dă impresia că-și asumă deplin boala, când, de fapt, este vorba mai degrabă despre ceea ce se numește fugă relațională și socială în viitor: anunțând, bolnavul încearcă să evite întrebările.

Hait, tresar eu ca și cum aș fi fost prins în flagrant delict: este exact ceea ce am făcut eu, e strategia pe care am adoptat-o! Am spus de la început tot, tuturor. Pe de altă parte, mă calmez eu, într-o astfel de situație nu sunt decât două posibilități mari și late: ori spui, ori nu spui, fiecare variantă putând avea doza sa de „apărare".

Urmează *intelectualizarea* (pe care Ruszniewski o prezintă mai degrabă ca „izolare", referindu-se însă tot la încapsularea, izolarea componentei emoționale), *deplasarea*, *raționalizarea*, *regresia*, *proiecția*, iar această sistematizare se încheie cu *sublimarea* și *simțul umorului* – acesta din urmă, precizează psihanalista, fiind „cel mai dificil acceptat de personalul medical". Oare de ce nu mă mir?!...

Nu aș spune că e ceva surprinzător în toate acestea. Ilustrată de Ruszniewski prin varianta sa „agresivă" (o încadrare cu care nu știu câți alți psihanaliști ar fi de acord), proiecția mi-a evocat însă multe situații văzute sau auzite în spital.

Realitatea a fost integrată – constată Ruszniewski –, dar bolnavul îşi asigură protecţia printr-un mod de revendicare agresivă, care îi face responsabili pe cei din jur pentru toate nenorocirile personale. Medicul devine adesea ţinta privilegiată a agresivităţii: este considerat responsabil şi/sau incompetent. Acest mecanism provoacă adesea o reacţie simetrică din partea celorlalţi.

Este un mecanism pe care îl întâlneşti adesea în spitale, dar şi în familiile „aparţinătore": este întruchipat de *bolnavul-tiran*.

Într-o zi, când a trebuit să mă duc la un control în altă secţie, am avut mult de aşteptat. Eram după un diuretic, aşa că eram în căutarea disperată a unei toalete. O asistentă binevoitoare mi-a dat voie să intru într-un salon de bărbaţi. Într-unul din paturi, o namilă de bărbat de peste 50 de ani se răstea la asistentă şi la toţi cei din jur:
— Unde e Mariana? I-am spus să nu plece nicăieri, că am nevoie de ea!
— Doamna Mariana a fost în tura de noapte, acum a plecat şi ea...
— Unde a plecat? I-am spus să nu plece!
— Haideţi, domnu' Vasile, fiţi cuminte, să vă pot pune pansamentul...
Dar domnul Vasile nu se lăsa. Peste vreo oră, când am avut din nou nevoie de toaleta lor, domnul Vasile îşi smulgea pansamentul uriaş care îi înfăşura bazinul şi dădea cu el de pământ. Asistenta, probabil exasperată, plecase.

Oricine poate fi în postura țapului ispășitor asupra căruia un „Vasile” sau altul să-și proiecteze toate frustrările reprimate, sursa tuturor relelor de care are parte. Adesea, ca în cazul lui Vasile al meu, pacientul se află prins într-o clasică ambivalență „pre-oedipiană”, ca să spun așa: Mariana cu pricina este, probabil, rând pe rând, mama iubitoare și mama castratoare, pentru care el simte când dragoste, când ură. Atașamentul față de Mariana este, de fapt, dulcea dependență de protecția maternă, după cum plecarea asistentei cu pricina este resimțită ca un abandon și deci ca o pierdere a confortului și siguranței psihice. Alteori, această proiecție agresivă se instalează pe termen nedeterminat, spre exasperarea celor din jur (de la personalul medical la rude și prieteni), care ajung să-l lase pe „Vasile” în plata Domnului. Astfel, abandonul nu va face decât să confirme acuzele lui „Vasile”: *Am avut dreptate, mă urâți!*

— Hai, mișcă-te mai repede, că n-o să aștepte doamna doctor toată ziua după tine. O viață întreagă ai fost un molâu! mijește ea ochii cu ură către el.
El tace, nu mai e în stare să-i răspundă, nu mai poate să-i facă față. Nu e imposibil ca de-a lungul vieții el să fi fost cel care a terorizat-o, iar acum ea nu făcea decât să se răzbune inutil, să-i arunce în față toată ura pe care a adunat-o de-a lungul unei vieți întregi.
— Vezi să nu te pișu iar pe tine, că mă faci de râs și aici! îi mai aruncă ea o dată, în timp ce-l împinge cu căruciorul în camera de gardă.

În ochii lui se vede cât de mult ar urî-o dacă ar mai fi în stare.
Nu mai este vorba despre niciun mecanism de apărare aici, nimic nu mai poate fi „apărat", nu mai există nimic în spatele căruia să te poți ascunde, ci doar mizerie umană în stare pură.

*

Intermezzo: Suprainterpretarea

Cele mai derutante sunt mecanismele de apărare care implică și o simptomatologie somatică evidentă. Dar care, de ce natură?

Când perspectiva este a unui bolnav care mai este și psiholog pe deasupra, ca în cazul meu, uneori lucrurile se pot încurca. În primul rând, poate să apară o naivă suprainterpretare: vezi „mâna psihicului", ca să spun așa, pretutindeni. Astfel, de pildă, într-o noapte am respirat din ce în ce mai greu, având senzația clară de sufocare. *Ei, ce să-i faci, un atac de panică, n-are rost să chem pe cineva, căci n-are ce să-mi facă* – am decis eu, străduindu-mă să-mi păstrez suflul până la zi. Dimineața însă, la prima vizită a medicului, am fost luat pe sus și dus direct la terapie intensivă, examinat rapid și branșat la un aparat cu oxigen și tot felul de senzori care îmi acopereau corpul: aveam o complicație cardio-pulmonară destul de serioasă. Pe lângă atacul de panică există și alte cauze pentru „senzația de sufocare": de pildă, când chiar te sufoci, cum era cazul meu.

*

Și medicii sunt oameni! Mecanisme de apărare la personalul sanitar

Dacă este absolut normal ca majoritatea pacienților să nu fi auzit în viața lor de mecanisme de apărare, normal ar fi ca majoritatea medicilor să știe despre ce este vorba. Dar nu știu... Aș pune pariu că cel puțin 90% dintre medicii români nici n-au auzit de mecanisme psihice de apărare, iar dintre cei 10% „cunoscători", 90% sunt convinși că nu-i privesc pe ei, nu îi „ating" pe ei: mecanismele psihice de apărare sunt o slăbiciune a oamenilor de rând, a bolnavilor – or, medicul român este puternic! Da, sunt puțin răutăcios, dar numai puțin...

Pe de altă parte, medicii chiar trebuie să fie – sau măcar să dea impresia că sunt – siguri pe ei, zei atotcunoscători și impasibili în acest spațiu al tuturor incertitudinilor care este spitalul. Gândiți-vă: v-ați da pe mâna unui doctor emoționat la fiecare întâlnire cu dumneavoastră și cerându-și scuze că nu vă poate garanta întru totul însănătoșirea? Iar dacă luăm doar cazul medicilor oncologi, aceștia se pare că sunt expuși la cea mai mare doză de stres dintre medici (există și „măsurători" în acest sens), drept care sunt mult mai predispuși la episoade de depresie, ba chiar de *burnout* – de obicei, fără să-și dea seama și, de regulă, fără a le băga în seamă, dar cu consecințe vizibile asupra vieții lor, atât personale, cât și profesionale.

Cel mai cuprinzător studiu pe această temă, coordonat de Susana Banerjee cu sprijinul Comitetului Tinerilor Oncologi al ESMO (European Society for Medical Oncology), a constatat că 71% dintre tinerii oncologi (sub 40 de ani) din Europa manifestă simptome de *burnout*. Interesant este şi că procentul diferă de la o ţară la alta, fiind maxim în Europa Centrală (84%) şi minim în Europa de Nord (52%). Riscurile rămân însă aceleaşi, atât pentru medici, cât şi pentru pacienţii lor: „Epuizare emoţională, depersonalizare (tratarea persoanelor ca şi cum ar fi obiecte) şi pierderea sensului muncii".

Principala sursă de stres o constituie, evident, pacienţii, aflaţi pentru perioade lungi între viaţă şi moarte şi exprimând astfel toată gama posibilă de anxietăţi, depresii, iluzii, speranţe, dependenţă, pe care le expun apoi medicului. Acestuia, chiar presupunând că poate să empatizeze în tăcere cu toţi bolnavii, îi este aproape imposibil să vorbească pe îndelete cu fiecare dintre ei. Iar în condiţiile de supraîncărcare a medicilor – mai ales a celor foarte buni, deşi nu există statistici în acest sens –, acest lucru devine practic imposibil. Toate acestea în condiţiile unei confruntări permanente cu rate mari de mortalitate, care poate fi trăită uneori de medic, conştient sau nu, ca sentiment de neputinţă, eventual ca eşec profesional (personal?), ce poate duce mai departe la autoculpabilizare etc. În aceste condiţii, nu este de mirare că cele mai frecvente mecanisme de apărare activate de medicii oncologi, comparativ cu celelalte categorii de medici, în contactul lor cu pacienţii, au în comun „îndepărtarea" emoţiilor acestora din urmă – asemănătoare cu acea

„depersonalizare” despre care vorbea Susana Banerjee în cazurile de *burnout*.

Am fost curios să aflu care ar fi cele mai frecvente mecanisme de apărare la care recurg medicii oncologi. Și, cum despre România nu există niciun fel de date în acest sens, m-am uitat pe câteva dintre miile de studii făcute în lume pe acest subiect. Desigur, există diferențe confirmate în funcție de cultură, de gen, ba chiar și de tipul de cancer cu care se confruntă. De asemenea, rezultatele cercetărilor diferă într-o anumită măsură și în funcție de orientarea sau școala din care fac parte cercetătorii. Majoritatea arată cam ca această cercetare realizată de M. de Vries și colaboratorii săi în 2012, care înregistrează următoarea repartiție statistică a mecanismelor de apărare întâlnite la un eșantion de medici oncologi: raționalizare (25,8%), intelectualizare (23,2%), deplasare (15,2%), *omnipotence* (7,1%), *passive-aggressive* (5,4%), ipohondrie (3,8%), *acting out* (3,9%), idealizarea obiectului (2,9%), proiecție (2,5%), negare (2%), afiliere (1,9%), *self-assertion* (1,7%), izolare (1,3%), umor (0,6%). Involuntar, mi-a venit să râd din nou când am văzut „confirmat statistic” faptul că umorul se află pe ultimul loc al preferințelor medicilor oncologi. Pe de altă parte, mi-a venit să râd și de pedanteria cam lipsită de simțul umorului a cercetătorilor cu pricina: incidență de 0,6% a simțului umorului – zău așa, mi se pare cam dubios de precis...

Cu toate aceste diferențe, se pare totuși că se desprinde un profil dominant, care cuprinde raționalizarea, deplasarea și intelectualizarea. În termenii lui Bernard și ai colaboratorilor săi, în cazul comunicării dintre medicii oncologi și pacienții lor, aceste trei mecanisme generale de apărare capătă următoarele semnificații particulare:

- *Raționalizarea*. În contextul oncologiei, raționalizarea este o apărare prin dezmințire, care neagă sau deformează în mod radical experiența afectivă a pacientului. Ea constă, de exemplu, în a evoca utilitatea tratamentului și beneficiile atașate acestuia, în condițiile în care pacientul tocmai își exprimă îngrijorarea față de efectele secundare ale chimioterapiei sau față de consecințele tratamentului asupra capacității sale de muncă. Personalul medical folosește explicații raționale care pun pe primul plan aspectele pozitive. Aceste explicații nu sunt false în sine, dar se rezumă la stricta realitate medicală și nu iau deloc în considerare îngrijorarea exprimată de pacient. Medicul se ține astfel la distanță de toată încărcătura emoțională a bolnavului, fără a-l „minți" însă în vreun fel.
- *Deplasarea*. „Se referă la două strategii de gestiune a stresului care permit personalului medical să evite confruntarea prea directă cu trăirile prea dureroase ale pacientului. Prima constă în a orienta pacientul spre o terță persoană, cel mai adesea o persoană de referință din stafful medical: medicul responsabil, psihologul etc. A doua strategie de deplasare se referă la schimbarea bruscă a subiectului conversației atunci când o temă este prea încărcată emoțional și înlocuirea acesteia cu o altă temă pe

care cadrul medical poate să o gestioneze mai bine." Din experiența mea, această a doua strategie apare mai ales la medicii mai bine intenționați și mai „grijulii", ceea ce creează impresia de incoerență, uneori chiar de contradicție atunci când, brusc, doctorul schimbă subiectul în mijlocul unei conversații. Un fel de „a schimba vorba", dar mai elaborat...

➢ *Intelectualizarea*. Are aceeași menire despre care am discutat deja, în cazul de față miza fiind aceea de a ține medicul departe de excesul de emoționalitate al pacientului. În mod oarecum previzibil, doctorii recurg la intelectualizare mai mult decât asistentele, în timp ce acestea se pare că recurg mai des la deplasare.

Numitorul comun al acestor trei mecanisme, altminteri distincte, constă în protejarea medicului de încărcătura emoțională a pacientului. Cum spune Bernard, relațiile de acest gen ale medicului cu pacienții „se rezumă la realitatea medicală și nu iau deloc în considerare neliniștile exprimate de pacient". Uneori se rezumă la și mai puțin, tăcerea medicului fiind o ducere la limită destul de curentă a acestor mecanisme de apărare: Scutiți-mă de problemele voastre emoționale, ca să mă pot ocupa de problemele mele „reale", de care depinde însăși viața voastră! Nu știu dacă în acest caz se mai poate vorbi de „mecanism de apărare" în sensul tehnic al cuvântului sau unde ar putea fi ea încadrată, dar tăcerea este cea mai răspândită formă de apărare – spre absoluta exasperare a tuturor bolnavilor!

Domnul din salonul alăturat moare. Îi aud prin perete horcăitul şi oftatul disperat. Acum câteva ore a venit la el preotul. Aţi văzut, s-a liniştit! – *îmi şopteşte în fugă o asistentă. Într-adevăr, nu se mai aude nimic, iar domnul cu pricina n-avea să moară decât către ziuă. Preotul, singura „consiliere psihologică" în spitalele din România...*

Este explicabil de ce lucrurile stau aşa: nu este nevoie de toate aceste studii pentru a realiza gradul de presiune şi stres al medicilor care lucrează în proximitatea permanentă a morţii. Pe de altă parte, aici apare un cerc vicios, o „capcană a intelectualizării" (care include şi raţionalizarea), ca să spun aşa. Într-un prim pas, intelectualizarea este obligatorie pentru medici, în general, ca mecanism de adaptare, însă nu ca mecanism de apărare: dacă nu ştii să citeşti datele abstracte ale suferinţei pe care ţi le dau mijloacele tehnice actuale, te descalifici automat; un „iletrism" în această privinţă nu este acceptabil! Mai departe însă, acest limbaj tehnic pe care medicul (oncolog) trebuie să-l stăpânească la perfecţie îl face să se familiarizeze cu el, să fie dependent de el şi să-l transfere uneori şi în comunicarea sa cu pacienţii – unde capătă şi o funcţie de mecanism de apărare. În această calitate, intelectualizarea va produce o anesteziere emoţională a medicului, o blocare a empatiei faţă de suferinţa pacientului. Şi aici apare „capcana": dacă nu se păzeşte, medicul nu va mai face faţă practicii sale medicale; protejându-se, se închide faţă de pacient, iar această lipsă de comunicare este principala cauză a stărilor de depresie (în funcţie de cercetări şi de context, între 5% şi 25% dintre bolnavii de cancer suferă şi de depresie la un moment dat) şi/sau anxietate ale bolnavilor; decăderea psihică a bolnavului poate constitui o sursă suplimentară de stres pentru doctor în desfăşurarea practicii sale medicale – determinându-l astfel, inconştient, să-şi intensifice mecanismele de apărare...

Se poate face ceva, se poate schimba această ecuaţie, se poate rupe acest cerc vicios? Da. Primul pas constă în conştientizarea şi acceptarea acestor mecanisme de apărare din partea tuturor actorilor implicaţi: pacienţi, doctori, ba chiar şi „aparţinători". Apoi – practica a demonstrat-o –, sesiuni de training specializat pot reduce mecanismele de apărare imature şi le pot (re)orienta pe cele mature într-o direcţie mai adaptativă pentru toţi. Desigur, toate acestea doar într-o anumită măsură... Mult mai simplu şi mai frecvent, asistentele şi chiar persoanele însoţitoare sunt instruite în acest sens, putându-i „traduce" pacientului ce se întâmplă cu el şi de ce. Iar majoritatea clinicilor care se respectă beneficiază, desigur, de serviciul unor psihologi specializaţi.

Citind câte ceva pe această temă, mă gândeam în salonul meu de spital cât de departe suntem noi de toate acestea. De fapt, ca societate, şi nu doar ca sistem de sănătate, suntem atât de departe de orice preocupare sistematică pentru „confortul psihic" al individului, al cetăţeanului!...

Funcții de apărare dincolo de „mecanismele de apărare"

Însă nu doar „mecanismele de apărare" clasificate ca atare în diferitele repertorii standard îndeplinesc această funcție. Interesant este faptul că, uneori, comportamente dintre cele mai banale și mai cotidiene pot fi „folosite" pentru a prelua „funcții" de apărare. Acestea sunt însă întotdeauna și forme de *coping*, de adaptare la situații și/sau contexte stresante. Știu asta pentru că „m-am folosit" cam de toate: prezentarea lor are mai degrabă legătură cu mine, fiind mai mult o autoanaliză decât cine știe ce clasificare cu valențe științifice.

Somnul

Cel mai banal caz este *somnul*. Știm cu toții la ce folosește, dar unele persoane îl pot întrebuința și în alte scopuri, somnul putând avea și cu totul alte semnificații decât simpla recuperare după o zi de eforturi. „Compulsia la somn este o manieră de a scăpa de povara de a fi noi înșine", amintește David Le Breton. Freud deja vedea în somn un fel de revenire în corpul matern:

> Relația noastră cu lumea în care am venit cu de-a sila mi se pare să atragă după ea faptul că nu o putem suporta fără întrerupere. De aceea, ne retragem temporar în starea dinainte de lume, deci în existența din pântecele

mamei. Cel puţin ne creăm condiţii asemănătoare celor de atunci: cald, întunecat şi fără stimuli. Este ca şi cum lumea, adulţii ar avea asupra noastră stăpânire numai pe două treimi; într-o treime, noi nu suntem nici măcar născuţi.

Eu, de pildă, pot înţelege foarte bine aceste lucruri. Am fost un campion al somnului şi m-am bazat pe el pentru a mă pune la adăpost de solicitări excesive: când era prea mult, pur şi simplu trăgeam obloanele şi adormeam instantaneu. O făceam însă şi când mă confruntam cu probleme prea complicate, care mă depăşeau, care mă derutau, care mă angoasau. În folclorul familiei noastre, o astfel de scenă a rămas de referinţă. Ne certaserăm rău, Ana şi cu mine, iar Ana s-a supărat atât de tare, încât a plecat de acasă trântind uşa în urma ei. După vreo oră, s-a întors. Şi m-a găsit dormind profund şi respirând liniştit. *Cum poţi să dormi în situaţia asta?* s-a revoltat ea şi mai tare. *Ce altceva mai bun puteam să fac?* m-am trezit eu, privind-o sincer nelămurit în ochi. După ceva timp, s-a uitat la mine parţial exasperată, parţial amuzată: *Eşti incurabil!* S-a băgat în pat lângă mine şi ne-am iubit până la zi. Sigur că nu a fost frumos din partea mea, sigur că era un comportament de evitare, că mă foloseam de somn ca de o fugă provizorie. Mai mult, somnul, acest somn, era atât de „hipnotic", încât înghiţea evenimentele în gaura neagră a amneziei: din toată acea seară în care căsnicia noastră s-ar fi putut ruina, nu mai ţin minte decât ultima parte. Totdeauna am fost convins că nu e bine să acumulezi frustrări şi că e preferabil să vezi doar partea bună a lucrurilor...

Aceasta este varianta pozitivă de somn, relativ conştientă şi intenţională. Acest somn, spune Le Breton, „implică exersarea unui control, ca o uşă pe care o închizi sau o deschizi după bunul-plac, pentru a nu te simţi copleşit". Cu cât mă gândesc mai mult la această perioadă (îndelungată) din viaţa mea, cu atât mai mult am impresia că, într-adevăr, nu somnul m-a adormit pe mine, ci eu l-am dormit pe el.

Din acest punct de vedere, spitalul nu este tocmai un mediu propice: somnul nu este la el acasă, iar insomniile sporesc angoasa. Şi totuşi, am întâlnit oameni care dorm compulsiv din prima lor zi de spital: *Nu ştiu ce am, dar de când am intrat în spital dorm cum n-am mai dormit din copilărie* – mi-a spus odată un pacient întâlnit pe o bancă. Mda, se refugiase în somn precum în copilărie, în acea copilărie care îl proteja de griji: somnul era evadarea sa din spital. În ce mă priveşte, nu prea am mai reuşit să fiu stăpânul somnului în aşa măsură încât să-mi adorm angoasa, s-o pun între paranteze, s-o uit...

Vorbitul

La fel de banal şi cotidian ca somnul este *vorbitul*. Nici el nu este, evident, un mecanism de apărare, dar poate prelua o funcţie de apărare, dublată de un mecanism de *coping*, mai ales când schimbi mediul, când intri în altă lume, stresantă, în care nimeni nu vorbeşte cu tine, în care te simţi brusc singur şi părăsit.

Saloanele, culoarele, băncile din parc, toate sunt în același timp și spații căutate de comunicare, pur și simplu de vorbit, de povestit, de găsit pe cineva care să te și asculte. Pentru bolnavii din spitale, această simplă verbalizare, care le este refuzată de regulă de cadrele medicale, poate constitui și cea mai la îndemână formă de adaptare și totodată un soi de mecanism elementar de apărare.

În primul rând, trebuie să verbalizezi ce ți se întâmplă, să dai un nume inteligibil inexplicabilului cu care te confrunți. Leucemie acută mieloidă – ce dracu' înseamnă asta, ce *este* asta? Știi doar, ai auzit că „leucemie" e tot ce poate să existe mai rău ca amenințare. Ei, dar n-o fi dracu' chiar atât de negru... Cam cât de negru? Deschizi internetul, cauți cu înfrigurare și intri în panică: precum studenții în primul an la medicină, începi să ai toate simptomele, să te simți în toate felurile. Problema e că până nu vei *numi* ce ți se întâmplă, nu vei putea să te mai înțelegi cu corpul tău. Din acest punct de vedere, eu am avut iarăși noroc. Un bun prieten (psihanalist!) m-a sunat din prima zi, ca să mă întrebe, în detaliu și cu răbdare, cum mă simt și ce mai fac. Seară de seară. Vorbeam cel puțin o jumătate de oră, timp în care pur și simplu îmi *verbalizam* peripețiile de peste zi – iar el mă ajuta, fără să-mi dau seama, să-mi pun senzațiile și gândurile în ordine, într-o ordine acceptabilă, în care ceea ce mi se întâmpla să nu fie „negat", dar nici să nu mă sperie, accentuând angoasa. Poate că nimic nu m-a ajutat mai mult, psihic, decât această tele-logoterapie. În spitalele din România însă, firește că nimeni nu poate beneficia de un asemenea serviciu, așa că fiecare va căuta – și va reuși într-un fel sau altul – să-și numească într-un mod cât de cât acceptabil propria experiență. Curtea spitalului, de pildă, oferă un astfel de spațiu de „logo-terapie": toată lumea încearcă să vorbească cu toată lumea, să facă „schimb de experiență" sau măcar să se „descarce" sufletește vorbind cu alții. De câte ori venea de la cafeaua de dimineață, pe care o bea în curte, Ana, o excelentă ascultătoare, se întorcea cu încă o poveste de viață a unui pacient. Mai degrabă a unei paciente, căci bărbații sunt, cultural, prea mândri ca să stea de vorbă așa, cu primul venit...

Vorbitul intră însă și în alte configurații. A sta de vorbă cu cineva, a găsi pe cineva care să te asculte, a putea să-ți exprimi cuiva angoasele neîmpărtășite, a (re)face cercul minunat al comunicării, toate acestea sunt nevoi bazale ale vieții în general: cum altfel să știi că *ești*, dacă nu găsești pe cineva care să-și aplece urechea și să arunce măcar o privire asupra existenței tale? Iar în spital, această existență a ta începe să fie pusă sub semnul întrebării chiar de tine însuți, să fie confuză, să-și piardă ceva din contur – drept care are nevoie mai mult decât în mod normal de confirmare.

— Ți-am spus că de vreo trei zile mă tot văd jos, la cafea, cu o doamnă care mă salută sistematic. Am salutat-o și eu, evident, dar habar n-am cine e. Azi și-a făcut curaj și, în sfârșit, m-a abordat. De fapt, e doar de o săptămână în spital. A chemat-o doctorul să stea cu soțul ei, care are

limfom şi stă în spital, singur, de aproape jumătate de an.

„Mi-e frică, doamnă, mă credeţi? E prima dată când stau într-un spital şi habar n-am ce trebuie să fac, ce se aşteaptă de la mine. Şi nici n-am pe cine să întreb. Doctorii nu-ţi spun nimic, dar nimic din care să înţelegi ceva, pur şi simplu nu stau de vorbă cu tine. Soţul meu, săracul, îmi tot spune că lasă, se descurcă el şi singur – dar am văzut şi eu acum că n-are cum să se descurce singur! Şi eu ce să fac?! Nu-mi vine nici să le întreb pe asistente, nu ştiu, cred că ar râde de mine şi n-ar mai vorbi cu mine nici măcar atât cât catadicsesc să vorbească acum."

A urmat, inevitabil, întrebarea pentru care venise la mine: „Dumneavoastră cum vă descurcaţi?".

— Şi tu ce ai făcut? o întreb eu pe Ana, deşi ştiam dinainte răspunsul.

— Ce era să fac, i-am povestit despre ce facem noi, cum ne-am instalat, ce ne-am adus de acasă şi ce nu se poate aduce de acasă, de unde se pot lua diverse lucruri, de mâncare, că trebuie neapărat să se împrietenească măcar cu una-două asistente şi cam cum ar putea proceda în acest sens. Ce mai, sfaturi de gospodină de spital. După care am zâmbit larg şi convingător – ştii că pot fi foarte convingătoare dacă vreau! – şi i-am zis că noi ne-am obişnuit, că ne simţim chiar bine şi că o să vadă, în scurt timp o să fie mult mai bine. Drept care s-a repezit la mine, m-a întrebat dacă îi dau voie să mă sărute şi, înainte să apuc să-i spun ceva, m-a luat strâns în braţe.

— Emoţionant! am zâmbit eu, ca să nu mă emoţionez.
— Hai, de ce faci pe nebunul?! m-a pus Ana la punct.

*

— În cazul bolii noastre, asta e esenţial: să stea de vorbă cu noi! se plânge o doamnă între două vârste în camera de aşteptare a secţiei mele. Dar nimeni nu-ţi explică nimic...

*

Doi „aparţinători" ies pe poarta spitalului. Ana nu prinde decât acest fragment de dialog:
— Ai văzut, unul operează, altul vorbeşte, altul Dumnezeu ştie ce mai face... Dar cineva trebuie să-ţi explice şi ţie!
— Îţi explică pe dracu'! îi răspunde celălalt cu obidă.

Pe de altă parte, aceasta este doar perspectiva, explicabilă, a pacientului. Uneori, din perspectiva medicului, lucrurile pot arăta cu totul diferit. Este cazul, de pildă, al pacienţilor care nu sunt încă într-o fază terminală, dar ale căror şanse de supravieţuire par să scadă pe zi ce trece. Ce ar putea să le spună medicul în această situaţie – şi mai ales de ce? Nu poate să mintă, dar poate să „tacă", adică să spună cât mai puţin. În astfel de cazuri, tăcerea doctorului nu este indiferenţă, ci deferenţă.

Am înțeles cu adevărat acest lucru abia relativ târziu. Am înțeles pe pielea mea atunci când, la un moment dat, mi s-a adus la cunoștință că, în sfârșit, organismul meu a început să reacționeze la tratament într-un mod neașteptat chiar și pentru medici. Și atunci mi s-a spus și că, până în acel moment, am fost tras pe linie moartă, ca să zic așa. Tot atunci am aflat și că acest lucru a fost comunicat mai de mult soției mele: *Doamna Mihăilescu, îmi pare rău, dar nu răspunde deloc la tratament...* Din acel moment, era treaba familiei cum va gestiona această informație, pe care medicii erau obligați deontologic s-o transmită. M-am cutremurat și mi-am dat seama pentru a nu știu câta oară că, de fapt, pentru *celălalt* este chiar mai greu. Și am privit cu alți ochi „tăcerea" încăpățânată de până atunci a personalului medical. Nu era o tăcere care să mă țină la distanță, ci o evitare de a vorbi, de natură să mă protejeze: ce era să-mi spună, că probabil sunt pe cale s-o mierlesc? Sau să mă mintă ca pe o bătrână cochetă: *Vai, ce bine arătați azi, domnu' Mihăilescu!* Eventual, în caz de simț al umorului, ar fi putut să plaseze ceva similar cu o replică dintr-un film polițist, care îmi place foarte mult în condiții normale: *Cum spunea înțeleptul Buddha, karma asta e o nesuferită!* În condițiile de față, ar fi fost însă un umor cam negru și nu știu cât de bine mi-ar fi picat...

După cum am văzut, a sta de vorbă poate să însemne mult mai mult decât o convorbire și poate evolua într-un mecanism de apărare numit „afiliere": căutarea unui suport în alții, pentru a ajuta la gestionarea propriei angoase. O căutare electivă a unor persoane de sprijin – nu neapărat a unor „grupuri de sprijin" instituționalizate –, de pildă propria familie, la care se recurge de data aceasta în cu totul alți termeni, un prieten din copilărie care se interesează de soarta ta și, brusc, se reface o relație de intimitate care poate n-a existat niciodată, unul sau mai mulți vecini de salon sau de secție cu care împărtășești și comentezi tot, de la suferințe la meciurile de fotbal văzute împreună etc. Uneori, o asistentă mai empatică și răbdătoare poate juca acest rol, permițându-i bolnavului nu doar să-și verbalizeze suferința, ci mai ales să se simtă „afiliat" spitalului prin relația omenească profundă pe care o are cu o reprezentantă oficială a acestuia.

Privesc retrospectiv la acest mecanism de apărare numit „afiliere" și încep deodată să mă suspectez de ceva, să mă simt prost în pielea mea. Apoi, brusc, îmi dau seama: când m-am îmbolnăvit și am intrat în spital – ceea ce însemna, în mod evident, că o să dispar din viața activă pentru mai multe luni, poate chiar ani –, am decis să anunț, sec, și motivul: leucemie acută. Mi se părea pueril și, în același timp, jenant pentru toată lumea jocul acela de-a v-ați ascunselea, de-a uite popa, nu e popa, sunt bolnav, dar las' că trece... Era clar, cel puțin o bucată de vreme, n-avea cum să treacă. Mi s-a părut sincer și „matur", o asumare fără dramatizare. A fost o decizie rațională și conștientă, pe care o consider și acum cea mai „normală". Și totuși, gândindu-mă la ce a urmat și tot citind eu despre ingenioasele mecanisme de apărare cu care ne-a dotat evoluția, nu pot să nu realizez că, într-un fel, inconștientul și-a băgat și el coada: leucemia nu este o boală ca oricare alta, iar cineva care își anunță prietenii că are leucemie *simte* pe undeva că lansează și un fel de rugăminte de „afiliere", de apel la suport. Brusc, mă simt ca și cum mi-aș fi manipulat prietenii, că aș fi apelat la un fel de escrocherie sentimentală. Apoi mă liniștesc: de fapt, ce poate fi mai uman decât să primești, la nevoie, sprijinul altor ființe umane? Mecanismele astea de apărare sunt, în fond, pur și simplu umane!

— Uită-te la mine! îi comandă Petre, un bărbat înalt, carismatic, care emană putere de la o poștă. Ea plânge în continuare.

— N-auzi, uită-te la mine! se răstește de data asta bărbatul și se apropie la o palmă de femeie.

Aceasta amuțește brusc, parcă fascinată de bărbatul din fața ei.

— Ascultă-mă bine, ascultați-mă cu toții! Acum noi trebuie să fim tari, să fim uniți. Auzi, fă, și să nu te mai prind că plângi de față cu el! Ți-am spus, acum trebuie să fim tari!

— Da' ce putem face? se interesează ceilalți din grup.

— Nicu e pe ciclostatice acum, ăsta e tratamentul pentru boala lui. De asta se ocupă doctorii. Noi trebuie să ne ocupăm de trombocite!

— Ce-i aia trombocite? întreabă unul făcând ochii mari.

— Trombocite, păi... ce să fie... trombocite. Un fel de esență de sânge, băi, asta e!

— Și noi ce trebuie să facem?

— Păi, trebuie să facem rost de trombocite. Îi mai dau și aici, la spital, dar nu au destule cât să-l

facă bine, aşa că trebuie să facem rost de ele şi noi. Şi o să găsim, nu se poate să nu găsim! Dacă e nevoie, mergem pe stradă şi cerem la lume să ne dea nişte trombocite, că fratele nostru e pe moarte. Şi cât or vrea pe trombocite, atâta le dăm. O sută, o mie, dacă vor euro, le dăm şi euro, nu stăm să ne tocmim, trombocite să fie – şi cât mai multe, că nu strică să fie şi în plus!

Între timp, coboară şi bolnavul. E livid şi abătut. Toţi se înghesuie să-i spună ce bine arată. Petre îl ia imediat în primire şi începe să-i explice despre ce este vorba şi cum trebuie procedat. De unde stă, Ana nu poate auzi decât crâmpeie din discuţie.

La un moment dat, Petre începe să-i pipăie admirativ muşchii lui Nicu:

— Nu vezi, mă, ce muşchi ai, ce puternic eşti?! Ţie n-are ce să ţi se întâmple!

Nicu îşi încordează muşchii precum un culturist şi un zâmbet îi înfloreşte pe faţă.

— Nicu e puternic, e ditamai bărbatul, peste trei luni o să iasă de-aici perfect sănătos, o să vedeţi! se adresează din nou Petre celor din jurul său, după ce Nicu s-a dus din nou în salon.

Simţul umorului

Simţul umorului a fost, de fapt, principalul „mecanism de apărare" la care am recurs – şi de care am fost cât se poate de mândru, ca să fiu sincer: chiar cred că mi-a prins bine. Doar că nu m-am gândit nicio clipă că e un „mecanism de apărare" şi cu atât mai puţin că trebuie să „recurg" la el... Când am aflat că, pe la 1300, un anume Henri de Mondeville, profesor de chirurgie, propovăduia o terapie prin umor, ce consta în povestirea cât mai multor glume cu putinţă pacientului, imediat după ce ieşea din operaţie, am devenit mai atent. Apoi, când am aflat şi că, în 1964, dr. William F. Fry, profesor de psihologie la Universitatea din Stanford, a declarat râsul un subiect de studii clinice cu drepturi depline şi a inventat şi un nume pentru această nouă „ştiinţă", *gelotologie* (de la grecescul *gelos*, „râs"), am căzut pe gânduri: o serie de medici, iată, au luat umorul în serios, iar din anii 1990 există chiar o „terapie prin râs"... Şi uite că eu râd doar aşa, în mod hedonist şi inconştient, fără a mă gândi măcar la beneficiile „terapeutice"...

Îmi aduc aminte că unul dintre puţinele lucruri cu care am rămas din Facultatea de Psihologie a fost următoarea afirmaţie, rostită cu subînţeles de profesorul Popescu-Neveanu după ce ne predase două ore despre testele de personalitate: *De fapt, singura măsură a maturităţii psihice este simţul umorului!* Am fost mereu convins de acest lucru – apoi, cu timpul, am înţeles că este chiar mult mai mult decât atât.

Zilele de început ale intrării mele în spital m-au confruntat din nou, într-un mod cu totul inedit, cu natura şi mizele profunde ale simţului umorului. Aproape inconştient (drăguţul de Freud...), am început să scriu în dreapta şi-n stânga şi să răspund oricui întreba despre starea mea de sănătate cu tot felul de *mots d'esprit*, glume şi snoave: am semnat *Dracula sub acoperire*, am inventat un *mit al sângelui de fecioare caucaziene* (de ce „caucaziene", habar n-am!) de care numai eu voi avea parte, am comentat în fel şi chip faptul că în primele patru zile de spital m-am îngrăşat patru kile şi am dat un anunţ privind *cura de îngrăşare a doctorului Vintilă* etc. Iar când am aflat că leacul miraculos cu care urma să fiu tratat se cheamă DACOGEN, parcă totul era servit: am anunţat că voi fi primul cetăţean român cu certificat de ADN dac, că voi înfiinţa Partidul Adevăraţilor Daci Liberi, am propus în prag de referendum o inginerie genetică pe bază de „dacogen", care să producă dacul monogen, adică de un singur gen, nu femeie, nu bărbat, ci doar aşa, dac, ca să nu ne mai încurcăm cu relaţiile astea ba hetero, ba homosexuale; şi, bineînţeles, am asigurat pe toată lumea că, dacă nu va merge cu dacogen, se mai poate încerca şi cu *tracogen*. Chiar şi peste vreo două luni, când i-am scris unui prieten cu care nu mai vorbisem de mult, mi-am prezentat situaţia în cel mai firesc mod cu putinţă: „De vreo două luni, am tras la *Grand Hotel Spital*, unde mă îngrijesc de o leucemie acută vag mortală, dar îngăduitoare cu cei care ştiu să se poarte frumos cu ea – iar eu ştiu!". Prostioare hazlii, care intrau în genul meu cotidian de reacţii, doar că acum erau puţin şarjate, în supradoză, căci şi mizele erau altele – iar eu ştiam acest lucru! Ceilalţi însă se pare că nu, drept care am fost însoţit de aplauze la scenă deschisă: Bravo, aşa, sunteţi puternic, sunteţi formidabil, sunteţi la fel, nu vă lăsaţi – şi, în esenţă, faptul că v-aţi păstrat simţul umorului în condiţiile astea înseamnă că sunteţi un om foarte puternic, un adevărat luptător! Iar pe mine chiar mă pufnea râsul şi îmi venea să le răspund: *Dragilor, n-aţi înţeles nimic – oamenii puternici au simţul realităţii, nu simţul umorului!* Dar n-ar fi fost frumos din partea mea...

Pe de altă parte, ştiam al naibii de bine – şi ştiam de mult – că am dreptate, că lucrurile nu sunt aşa cum pot părea la o primă privire (extrem de) superficială. „Oamenii puternici" sunt interesaţi doar de simţul realităţii deoarece doar realitatea (ceea ce consideră ei a fi „adevărata" realitate) e ceva „serios", ceva de care trebuie să ţină cont, minimal – pentru a face doar alegerile potrivite în viaţă, maximal – pentru a putea stăpâni în fel şi chip această realitate devenită docilă în mâinile lor. Pentru aceştia, „umorul" poate fi amuzant, dar statutul său nu este departe de cel al clasei inferioare a actorilor şi altor circari pentru burghezul secolului al XVIII-lea. Nu e de mirare deci că n-am prea văzut manageri de top, prelaţi sau specialişti în *rational choice* care să aibă simţul umorului. După experienţa spitalicească, am început să mă întreb şi dacă există medici cu simţul umorului...

La câteva săptămâni după internare, am început să am nişte frisoane, cu valuri de căldură şi de frig, cu broboane de transpiraţie rece. Drept care noaptea mă înveleam şi mă dezveleam, astfel încât, într-o dimineaţă, m-am trezit strănutând de mama focului. Am bufeuri, oi fi la menopauză – i-am spus eu Anei. Am realizat curând că, de fapt, erau simptome de sevraj: după jumătate de secol de fumat intens, era şi firesc. M-am amuzat pe seama „menopauzei" mele, aşa încât dimineaţa, când a venit în vizită o tânără rezidentă şi m-a întrebat cum mă simt, i-am răspuns cât se poate de serios: „Din exces de menopauză, am făcut un guturai". A înlemnit și s-a clătinat pe picioare la propriu. A mai dat să-mi ia tensiunea, dar s-a răzgândit și a ieșit intempestiv pe ușă. De atunci n-am mai încercat niciodată să-i testez pe doctori să văd dacă au simțul umorului.

Am început astfel să mă întreb „la ce folosesc" umorul și/sau râsul. O întrebare alarmant de serioasă. Am realizat însă destul de repede – era și greu!... – că „umorul" folosește ca să submineze „seriosul". Înainte de a fi folosit ca mecanism de apărare individual, a fost – și a rămas – un soi de mecanism de apărare social, adică de rezistență la ordinea instituită, de subminare a Puterii, de subversivă, chiar dacă minoră, contra-putere. Astfel, nu întâmplător tuturor Bisericilor monoteiste le-a fost frică de râs și au vrut să-l țină sub control. *A râs Iisus? A râs Mahomed? A râs Buddha?* s-au întrebat preoții tuturor religiilor timp de secole. Răspunsul a fost pretutindeni și de fiecare dată unul sibilinic negativ: nu, niciunul nu a *râs*, dar – pilduitor consens! – toți doar au *surâs*, în așa fel încât nici lui Mahomed, nici lui Buddha „nu li se vedeau gingiile". În acest „surâs" era în joc însăși „seriozitatea" Bisericilor.

Există o interesantă continuitate între această seriozitate a religiilor și religiozitatea seriozității. V-ați uitat vreodată la „oamenii serioși", adică cei care nu se mulțumesc să ia viața în serios, ci au *cultul* seriozității? Ei nu vorbesc, ei oficiază! Iar ceea ce oficiază este Ordinea în care cred – care poate fi ordinea instituită sau nu, care poate fi conformă sau nu cu realitatea curentă, dar care pretinde întotdeauna *consacrarea* publică. Oricum, să te ferească Dumnezeu de acești habotnici ai „seriozității"!

Doar contestatarii Bisericilor tradiționale au făcut loc râsului în modul lor de raportare la divinitate. În creștinism, primele exemple care îmi trec prin minte sunt moștenirea aristotelică a lui *homo risibilis* (pentru detalii, vezi Umberto Eco, *Numele trandafirului*) și protestantismul „contestatar" al lui Luther, care a susținut unitatea dintre credință și umor. Ca putere, Biserica a ținut mereu să controleze râsul: nu avea cum să-l interzică, dar a făcut totul pentru a-l păstra pe calea cea dreaptă a pioșeniei. Fascinant în acest context este *Carnavalul*, în care ordinea societății – adică ordinea Bisericii – este răsturnată ritualic la inițiativa și sub supravegherea strictă a... Bisericii. În mod paradoxal, carnavalul a rămas, de la Rabelais până în prezent, un canon narativ și/sau performativ de subminare sau chiar răsturnare simbolică a ordinii instituite.

Prin cap îmi trece brusc o idee năstrușnică: oare de aceea, în toată tinerețea mea – adică în comunism! –, petrecerile preferate în grupul nostru de prieteni au fost balurile mascate, adică o formă carnavalescă minimalistă?

*

Intermezzo: APP

Nu știu când a pornit totul, dar sunt sigur că la începutul anilor 1980 eram deja „instituționalizați":

APP, Asociaţia Petrecăreţilor Profesionişti. Am fost tot timpul convins că aveam şi un statut, dar acum îmi dau seama că nu-mi aduc aminte nici să-l fi scris cineva, nici să-l fi citit cândva. Mă rog, n-are importanţă. Cert este că, scris sau nu, aveam „obligaţia" de a face o petrecere măcar o dată pe lună şi că prezenţa era „obligatorie". Şi ne-am ţinut tot timpul de această *obligaţie*! În cel mai rău caz, aceste petreceri durau până dimineaţa, în cel mai frecvent caz, până în seara următoare. Beam, mâncam şi dansam. Şi vorbeam o groază, mai ales bărbaţii nedansatori.

Într-un an, de Revelion, am petrecut non-stop vreo patru nopţi la rând. La capătul lor, nu mai eram pe picioare decât un prieten de-al meu (gazda din anul acela), Ana şi cu mine. Am propus să mergem să ne plimbăm în Herăstrău. Cu maşina. Şi asta am făcut. La ieşirea din parc, după ce ne mai „răcoriserăm" puţin, am găsit un echipaj de Miliţie în jurul maşinii – printre altele, lăsaserăm maşina cu portierele larg deschise. Evident că mi-au cerut actele, după care un căpitan de Miliţie a insinuat că aş fi consumat alcool. *Îmi pare rău, eu am avut hepatită, nu beau niciodată alcool.* Miliţianul s-a enervat, Ana s-a făcut verde, prietenul meu a încercat o negociere gen *Revelion, ştiţi, suntem şi noi oameni* – dar n-a ţinut. *O să vă pun să suflaţi în fiolă!* m-a ameninţat miliţianul. *N-aveţi decât, v-am spus, eu, hepatită, alcool, nu!* De data asta s-a înverzit miliţianul, a scos trusa de fiole şi mi-a întins una. Prietenul meu a mai încercat o ultimă negociere gen *An Nou, ştiţi, se mai întâmplă, oameni suntem, a băut şi el ceva mai mult şi nu ştie ce spune...* I-am tăiat însă discursul şi l-am prevenit pe milițian: *O să vedeți, eu, hepatită, n-am băut niciodată!* – și am suflat cu toată puterea în fiolă. Ana s-a făcut neagră, prietenul meu, cam negricios din fire, s-a făcut stacojiu, dar fiola a rămas albă ca o rochie de mireasă. *V-am spus, eu, hepatită, nu...* Milițianul mi-a smuls fiola din mână, a dat cu ea de pământ și a strivit-o furios sub călcâiul bocancului. După care mi-a întins o altă fiolă: *Mai suflă o dată!* a scrâșnit el printre dinți. *Dar nu vă supărați* – i-am șoptit eu la ureche, ca un fel de „înger, îngerașul meu" –, *v-am spus, eu, hepatită, știți, de mic, n-am băut niciodată nimic...* Și iar am suflat, calm și senin, în fiolă. Și din nou fiola a rămas impasibil de albă. Milițianul s-a uitat la fiolă, apoi la mine, apoi iar la fiolă, după care tovarășul căpitan a izbucnit: *Fir-ați ai dracu' cu Miliția voastră cu tot!* A scos apoi o stație radio, a urlat ceva în ea și ne-am pomenit încadrați de doi motocicliști, unul în față, unul în spate, care ne-au condus cu grijă până acasă, pentru a se asigura că nu voi face prăpăd în trafic. Am mai apucat să-l văd cu coada ochiului pe căpitanul nostru, care scotea fiolele una câte una și dădea cu ele de pământ, înjurând: realizase, după a doua încercare a mea, că toate erau expirate. A fost cea mai spectaculoasă înfrângere a Autorității de către celula de umor APP!

De la o vreme, Ana și cu mine ne-am apucat să inventăm jocuri, care mai de care mai infantile, dar la care ne amuzam cu toții exact ca niște copii. Exemplu de joc APP-ist: ei, domnii, stau pe un rând cu un ou crud în gură; ele, doamnele, stau la un metru în fața domnilor, cu o lumânare aprinsă în mână; domnii trebuie să stingă lumânarea din mâna doamnelor. Vă las să vă imaginaţi ce a urmat. Dar cele mai apreciate au fost balurile mascate. Au început la o petrecere de Anul Nou, dar apoi au fost adoptate şi cu diverse alte ocazii. Într-o duminică, am organizat, Ana şi cu mine, un bal mascat mai aparte: la intrarea în casă, fiecare apepist trăgea un bileţel dintr-o căciulă. Pe fiecare bileţel era trecut rolul pe care respectivul urma să-l joace: soacra-mare, soacra-mică, tatăl, vărul din străinătate etc. La început, cu toţii au rămas cu gura căscată, dar nu le-au trebuit mai mult de cinci minute ca să priceapă şi să se pregătească pentru intrarea în rol. Planul fusese dezvăluit doar „naşilor", preotul paroh fiind anunţat pur şi simplu că va avea loc o cununie religioasă. Când am intrat în biserică, a fost rândul preotului să nu mai înţeleagă nimic. Dar nu i-au trebuit nici lui mai mult de câteva minute ca să priceapă şi să se prindă în joc. A zâmbit, s-a întors în altar, de unde a ieşit în blugi, peste care pusese, desigur, anteriul, şi cu nişte ochelari de soare care îi dădeau un aer de mafiot. A urmat cea mai frumoasă slujbă de nuntă pe care am văzut-o în viaţa mea, singura „completă" la care am asistat (a durat peste două ore). Deşi niciunul din grupul nostru nu prea era dus la biserică, ne-am bucurat cu toţii cât se poate de creştineşte: bunul preot, convertit şi el la umor, ne-a convertit, cred, discret, pe toţi.

APP-ul a dispărut fără urme în prima lună de postcomunism...

*

„Folosul” individual al umorului a fost menționat deja, bineînțeles, de Freud, care atrage atenția asupra importanței umorului în funcționarea eului. Minimal, acesta poate servi la dedramatizarea unei situații stresante, la punerea la distanță a unei amenințări, fără a o nega, ci doar diminuându-i semnificația și impactul – ceea ce, evident, îi permite subiectului să depășească mai ușor sau măcar să reducă substanțial din angoasa ce însoțește de regulă o astfel de situație. Psihanaliști de diferite orientări au dezvoltat apoi subiectul din diverse perspective. George Eman Vaillant, de pildă, îi acordă mai multă atenție și plasează umorul la nivelul superior al mecanismelor de apărare, printre celelalte mecanisme pe care le consideră „mature”. Mai exact, umorul constă în a căuta un aspect ce poate fi considerat amuzant într-un context în care, de fapt, suntem lipsiți de control – ceea ce nu ne permite să refacem acel control, ci doar să tolerăm și să depășim contextul respectiv. Două precizări pe care le face Vaillant și care fac ca umorul să iasă din cadrul strict medical al *DSM*-ului mi-au atras însă cu adevărat atenția: a) umorul începe prin a face haz de tine („autodepreciere”, zice Vaillant – *autoironie*, aș zice eu), tocmai pentru a putea face „haz de necaz”; b) nimeni nu are simțul umorului de unul singur – acesta este social prin definiție, este orientat spre ceilalți, cu ceilalți și, obligatoriu, *pentru ceilalți*: umorul poate fi și un act altruist, care îi ajută pe ceilalți să-și depășească, la rândul lor, propriile stări conflictuale, să depășească propria lipsă de control în fața existenței – mai spune Vaillant. În acest sens, aș adăuga eu, simțul umorului nu mai este un „simplu" mecanism de apărare – sau, mai exact, în natura sa profundă, este mai mult decât atât: este o strategie existențială devenită stil de viață, *Viața* însăși. Simțul umorului poate fi – și este cel mai adesea – un instrument, o tehnică, un discurs, o schemă, o retorică, un rol la care apelezi, conștient sau nu, când și cât ai nevoie. Aici intră o serie de rude sărace ale umorului, de la gluma de salon la satira publică, la sarcasm sau ironie tăioasă și de la rolul omului glumeț la cel al bufonului, adică tot atâtea forme care nu vizează hazul de sine și de necaz, ci hazul de ceilalți și de eventualele lor defecte, suferințe etc. Chiar și nevinovatul amuzament, împărtășit în grup, rămâne un comportament social ce poate destresa și dedramatiza anumite situații, însă doar temporar, precum un antinevralgic. Doar „adevăratul" simț al umorului, *Râsul*, este etiologic – și, astfel, *ontologic*.

Există deci o estetică socială definitorie în adevăratul simț al umorului, manifestat cu *eleganță și discreție* în societate. Frumusețea acestuia constă tocmai în faptul că *râsul* este un comportament prin care toată lumea are de câștigat: pe tine te liniștește, te face să te simți mai bine și, pe moment cel puțin, te pune la adăpost de nerostitele angoase; pe ceilalți îi amuză și, mai mult, măcar pe moment, îi face să uite de propriile necazuri și de dificultățile vieții în general. Ca mecanism de apărare, umorul ține deci, într-adevăr, de „afiliere", în măsura în care, pentru a te apăra pe tine, trebuie să treacă mai întâi prin ceilalţi, printr-o „afiliere” cu alţii. Mai mult, cu cât îi faci pe ceilalţi să se simtă mai bine, cu atât te simţi şi tu mai bine: este un cerc virtuos, o spirală pozitivă; inconştient, poate chiar involuntar, este un comportament etic! Tocmai de aceea, nu este moral să te *foloseşti* de umor pentru a te pune pe tine în valoare, dis-preţuindu-i pe ceilalţi; în astfel de cazuri, nu mai este nici un mecanism de apărare, ci un banal mecanism de dominaţie!

*

Tatăl meu a fost un om serios – mai exact, un *medic serios*! Cu vederi largi, desigur, dar serios până în măduva oaselor. Ştia, desigur, să râdă, dar... cu măsură. Eu n-am avut altă soluţie sănătoasă decât să-mi inventez un simţ al umorului ca să contracarez şi să scap de dominaţia seriozităţii paterne: a fost pur şi simplu modul meu – elegant, zic eu – de a-mi ucide tatăl. Simţul umorului a fost reacţia mea de apărare la ceea ce am trăit ca o limitare castratoare a „realităţii” la „seriozitate”; iniţial a fost o simplă negare, dar, cu timpul, a devenit un „stil de viaţă”.

N-am vrut niciodată să fiu un „om puternic”, pentru că asta ar fi implicat să fiu şi un om „serios” – nu devii puternic aşa, în joacă! Or, pe de o parte, n-aveam niciun chef să semăn cu tatăl meu la acest capitol; pe de altă parte, n-aveam cum să fiu altceva decât marele timid care eram – şi ştiam că sunt; Jiminy nu mi-ar fi permis niciodată o eschivă atât de jalnică!

Reactiv, timid, inconștient, simțul umorului s-a insinuat în viața mea, transfigurând în timp timiditatea mea socială în modestie existențială – adică, practic, un handicap transformat într-un atu. Nu, chiar nu am vrut niciodată să fiu un om puternic, ci am vrut să rămân la locul meu – iar asta nu din frică, pasivitate sau lipsă de voință, ci dintr-o epifanie a umorului: nu există, de fapt, „oameni puternici"! Iar această revelație mi-a permis să am o viață fericită, nu în ciuda faptului că n-am devenit un bărbat puternic, ci tocmai pentru că am rămas un fragil bine temperat și „la locul meu". Mai mult, tocmai această senină marginalitate mi-a permis să mă joc de-a puterea și cu oameni puternici, pentru că, prin această punere la distanță pe care ți-o oferă umorul, totul devenea atât de previzibil...

Această reacție inițială la seriozitate și simțul realității s-a așezat într-un stil de viață, apoi într-un adevărat *Weltanschauung*, și am practicat acest sport sistematic, până la capăt, am făcut-o cu plăcere și – n-are rost să mă joc de-a modestul în această privință – am adus multă plăcere celor din jur. Iar plăcerea lor a alimentat umorul meu. A fost întotdeauna o jubilație – una împărtășită adesea, cred eu. A fost un mecanism de apărare? Ba bine că nu! Acest simț al umorului mi-a permis să nu simt angoasele vieții, să le „anesteziez" într-o anumită măsură, fără a le nega însă vreodată existența și gravitatea. M-am mai aflat de două ori în fața morții: o dată cu un cancer, o dată cu infarct. De fiecare dată (mi-)am prezentat aceste experiențe la modul cel mai „sociabil" cu putință: *Am avut deja două întâlniri cu Moartea și am impresia că ne-am înțeles bine*, explicam eu pe cel mai firesc ton cu putință, ca și cum aș fi povestit ce am cumpărat duminică de la piață. *Sunt un bun ascultător – la câte a văzut la viața ei, poate că are și Moartea nevoie să „verbalizeze", să se „afilieze" din când în când*, continuam eu să explic. Și chiar sunt convins (în registrul [auto-]ironiei, desigur) că sunt un bun interlocutor al Morții – ceea ce nu știrbește cu nimic nici măreția Morții, nici amploarea angoasei mele față de Moarte, ci doar le face să se îngăduie pentru o vreme, să petreacă un timp împreună. Prin natura sa profundă, umorul este cu adevărat *simț* al umorului în măsura în care nu se lasă nici copleșit de Moarte, dar nici îmbătat de Viață, ci încearcă să-și croiască un răspuns pe măsură la întrebarea care există în noi toți, chiar dacă doar puțini devin conștienți de ea: cum poți să trăiești în prezența morții? Umorul își păstrează natura și rostul atunci când nu este nici râs homeric, nici râs eroic, nici râs care se ia de piept cu absurdul lumii – și deci al Creației –, dar nici râs de conivență, râs de *bon viveur*, râs amnezic. Cine vrea doar să uite mai bine se apucă de băut!

La câteva zile după ce i-am trimis numărul din Dilema Veche *cu textul meu despre umor, Alec Bălășescu, un fost student și de mult timp prieten, mi-a trimis o imagine* (ilustrația 1 din fascicul) *cu o mică notă de subsol:* Ce-am învățat (din ce ați scris și din ce am trăit). *Se spune că o imagine bună face mai mult decât nu știu câte pagini. Nu știu, însă imaginea asta spune multe...*

Atât Absurdul, cât și Povestea care încearcă să-l asedieze (și reușește adesea) sunt la fel de imaginare – sau de plate și de nepătruns – precum întunericul dintr-o noapte fără lună. În aceste condiții, umorul ar fi opțiunea de a sta în casă, la o masă sau lângă focul din sobă, și de a te amuza, creativ și decent, pe seama întunericului de afară. Asta nu va schimba cu nimic întunericul de afară, dar îți va aduce oarece lumină în casă. Totdeauna am crezut că, până una-alta, aceasta este cea mai bună opțiune în viață – și am practicat-o, credeți-mă, cu un zel de admirat! Simțul umorului, râsul în sensul sugerat mai sus, este, de fapt, cel mai răspândit anestezic uman, care acoperă o gamă largă de materializări, de la antinevralgicul social al jovialității și glumelor de societate la morfina cronică a râsului ontologic. Circulă chiar și un soi de legendă creștino-psihologică în această privință: cică, întrebat de Om de ce pe el L-a lăsat atât de lipsit de apărare, în timp ce pe leu, pe elefant, pe broasca-țestoasă, de pildă, i-a înzestrat atât de bine, Dumnezeu i-ar fi răspuns: *Da, dar ție ți-am oferit cea mai puternică armă: simțul umorului.* Personal, mă îndoiesc: sunt aproape convins că Dumnezeu nu are simțul umorului...

Nu, simțul umorului nu este apanajul „oamenilor puternici”, adică al celor care sunt mânați în luptă de dorința, chiar de nevoia de a se simți puternici, de a-și exercita un soi sau altul de control asupra lumii și mai ales asupra celorlalți oameni. Mai mult, simțul umorului riscă să dizolve *Puterea*, adică, în ultimă instanță, *Lumea*, lumea „reală”, lumea „serioasă”, „adevărata” lume, creată și alcătuită din putere: râsul este o contra-putere indiferentă la propria sa putere. Dar este și el o formă de putere: nu ai simțul umorului doar așa, *faute de mieux*, din slăbiciune sau elevată plictiseală! Ce vreau să spun cu asta este că, dacă știu foarte bine că acest simț al umorului pe care-l am nu este expresia unui „om puternic", știu și că el este o expresie și dovadă a unui alt soi de putere: vă asigur că nu este deloc ușor să-ți păstrezi, coerent și consecvent, simțul umorului! Și vă asigur și că nu am luat niciodată în derâdere această putere a mea; doar că nu am luat-o niciodată prea în serios...

Mai este, cred, un lucru important de spus despre acest soi de putere a râsului. Dacă puterea „oamenilor puternici", a celor cu „simțul realității", este o putere *solitară*, centrată pe sine, o putere verticală, ierarhică și ierarhizatoare, o putere care te distinge și te desparte de ceilalți, puterea celor cu „simțul umorului" este una *solidară*, care nu poate exista decât printre, împreună și, în ultimă instanță, pentru ceilalți. Am mai spus-o, știu, dar niciodată până acum nu m-am gândit la simțul umorului și cu atât mai puțin la cum și de ce l-am practicat cu atâta consecvență. Iar acum îmi dau seama tot mai bine că a fost forma mea de iubire (da, știu, ați mai auzit asemenea declarații tâmp-patetice...), de a iubi viața și oamenii (ceea ce este cam același lucru); mai exact, de „dar și contra-dar", de reciprocitate caldă și permanentă cu ceilalți, cărora le-am oferit strălucirile umorului și am acceptat darul bucuriei lor. Culmea e că tocmai un fost student mi-a atras atenția asupra acestui fapt, când i-am mulțumit pentru vorbele din suflet de care mi le-a adresat după internare. *E de datoria mea!* mi-a explicat el.

Dumneavoastră ne-aţi dăruit atât de mult, noi am acceptat tot timpul, că aşa ne-aţi spus, că darul nu se refuză niciodată, iar acum a venit vremea reciprocităţii, a sosit momentul de a vă returna darul. Nu dumneavoastră ne-aţi bătut la cap cu Mauss şi cele trei reguli ale darului? Mda, avea dreptate... Împărtăşit, râsul este un legământ moral, un pact social pe care nu ai dreptul să-l încalci – iar dacă o faci, este una dintre cele mai jalnice mârşăvii. Ca atare, nu poţi niciodată să abdici de la simţul umorului în prezenţa celorlalţi, nu poţi să-i dezamăgeşti, pentru că nu vrei să te discreditezi, să-ţi baţi joc de întreaga ta viaţă. La spital însă, singur cu durerea, sărmanul Gaşpar nu a putut face mai mult decât să adune totul într-un atac de panică, avertizându-mă astfel prin toate organele că aici există o limită. Redus la tăcere, nu am mai spus nimic o vreme; dar când am vorbit din nou, m-am străduit ca măcar să imit simţul umorului...

— *Nu te poţi face că nu observi? îl întreb eu, derutat, pe Gaşpar.*
— *Nu!*
— *Dar atunci măcar poţi să mă laşi pe mine să mă fac că nu observ?*
— *N-ai decât, dar n-o să reuşeşti de data asta nici cu Povestea, nici cu Râsul!*
— *De ce?*
— *Avem limite!*

După cum am mai spus, spectrul a ceea ce numim, generic, „simţ al umorului" este unul extrem de larg – şi la ambele extreme iese din jurisdicţia „mecanismelor de apărare" propriu-zise. La extrema inferioară, decăzută, umorul poate deveni un simplu instrument de dominare, o strategie de atac, nu de apărare: satira, ironia demolatoare, glumele răutăcioase, zeflemeaua nu își propun să facă haz de necaz, de necazul existențial, comun, al tuturor sau al multora, ci să producă necaz, să-l degradeze, chiar să-l desființeze pe celălalt. Eugen Istodor are o interesantă teză de doctorat despre umor și satiră în publicistica românească, în care, spre surprinderea mea, a identificat utilizarea în presa vremii a satirei mai degrabă ca armă vindicativă decât ca umor senin. Nici măcar Caragiale nu a fost total străin de aceste practici curente în luptele publice date de concurență, invidii, goană după posturi etc. – ceea ce, desigur, nu schimbă cu nimic statutul și statura lui Caragiale, ci doar arată că Marele Maestru era și el om, care se lupta cu armele timpului într-o lume care nu i-a fost întotdeauna favorabilă. Pe de altă parte însă, exact acest gen de umor acid este o armă implacabilă în lupta socială cu toate poncifele, clișeele, fundamentalismele și habotniciile. Prin urmare, și într-un caz, și în celălalt, „simțul umorului" nu este un „mecanism de apărare", ci o strategie de atac, de luptă pentru o cauză mai bună sau mai puțin bună.

Mult mai interesant este însă ceea ce se întâmplă în „minunata lume nouă" a lui *smile or die*. Aici, simțul umorului nu mai poate, nu mai are voie – este chiar *politically incorrect* – să fie dăunător, să afecteze în vreun fel sensibilitatea celuilalt. Ceea ce, desigur, este foarte bine. Dar nu mai este folositor, nu mai este o „contra-putere", nu se mai înalță la o anumită seninătate existențială: nu poate produce o formă, fie ea și firavă, de fericire împărtășită, ci doar interzice nefericirea fiecăruia. Transformat în normă de conviețuire, simțul umorului devine inofensiv, ce-i drept, dar și inutil – o formă ceva mai complicată de politețe. El are și un nume, care este, în același timp, ideologie, normă și valoare: *fun*, cu forma sa imperativă, *have fun!*

Nu aș pomeni aici despre acest lucru dacă n-ar avea și o legătură directă cu viața mea, cu practica și reputația mea „umoristică". Căci *fun* a intrat, evident, în pedagogie, adică, mai larg, în comunicarea publică: dacă vrei să ai contact cu cei mai tineri, dacă vrei să le captezi cât de cât atenția, dacă vrei pur și simplu să comunici, ei bine, este musai să ai suficient *fun* – altfel ești *boring*, adică *end of the game!* Or, pentru mine, accesul la celălalt nu este doar o profesie, ci o nevoie existențială. Pe măsură ce mă adaptam însă la acest mod de comunicare devenit normativ, îmi dădeam seama că, transformat în *fun*, simțul umorului îți permite să eludezi obligația de a argumenta: o glumă, o formulare *funny*, și toată lumea *will enjoy!* Ce comunicam deci eu, ce transmiteam ca dascăl?

Într-un fel, mi-a fost relativ ușor să trec de la simțul umorului la *fun*, căci umorul meu din alte vremuri a fost luat adeseori drept *funny*, chiar dacă ușor desuet pe alocuri. L-am upgradat așadar, cu mare grijă însă, căci de multe ori simțeam că alunecam cu „umorul" meu de la desuet la ridicol – ceea ce era și mai rău. Oricum, nu mai era tot timpul un stil de viață, o viziune asupra lumii și o practică în lume, nu mai era o valoare în sine și un scop existențial, ci un *mijloc* de adaptare la lumea înconjurătoare, un mecanism de *coping*, un fel de *smile or die* mai puțin amenințător. Se pare că de aici mi se trage una dintre porecle, despre care n-am putut niciodată să-mi dau seama dacă este tandră sau ironică: *stand-up scientist*. Această instrumentalizare a umorului mi-a adus, se pare, *destui „fani"*, dar i-a îndepărtat și pe mulți colegi „serioși". Pe de altă parte, în cercurile mai restrânse și elective ale vieții private am continuat să *am* simțul umorului pur și simplu pentru că așa *eram*. Practicat în sine și pentru sine, acest umor mi-a adus, se pare, nu puțini prieteni.

Poate mai surprinzător – și, ca atare, mai edificator – în această privință este faptul că acest *post-umor*, ca să zic așa, acest *fun* a intrat și în Biserică, instituție care nu prea a excelat nicicând la capitolul simț al umorului. Într-un articol din *La Croix*, Robert Migliorini evocă o declarație a lui Nathalie Becquart, o maică aflată în fruntea Serviciului Național pentru Evanghelizarea Tinerilor și pentru Vocații, la conferința episcopilor din Franța: „Tinerele generații sunt deosebit de sensibile la râs, ca o cale serioasă către Cristos". E ceva nou? se întreabă Migliorini. „În orice caz, este un lucru mai important într-o societate care nu este facilă pentru tineri, în care media ne asaltează cu vești proaste și în contextul unor transformări majore, de incertitudini și temeri în fața viitorului. În aceste condiții, avem cu atât mai mult nevoie de umor pentru a ne detașa, pentru a introduce puțină lejeritate. Tinerele generații dezvoltă chiar un umor catolic, ce ia în derâdere o serie de clișee de care catolicismul se simte stânjenit." Mai mult, sub forma ironiei, a satirei, a caricaturii, umorul devine tot mai mult un mijloc important în confruntarea cu fanatismele de toate culorile. Prin urmare, nu prea este vorba despre simţul umorului ca „mecanism de apărare". Ca în atâtea alte ocazii însă, catolicismul nu se dă în lături de la mijloace nu foarte „ortodoxe", dacă acestea slujesc marilor sale scopuri. Nu mi-aş putea însă imagina Biserica Ortodoxă introducând umorul în practicile sale de catehizare...

Mi-a trebuit însă mult timp până să încep să înţeleg că aceşti tineri, aceste generaţii, această lume *trebuie* să se amuze; *fun* nu este, de fapt, o opţiune individuală – este o condiţie ce însoţeşte însăşi viaţa cotidiană în acest tip de societate. Motivul e destul de simplu: de fapt, deşi pare – sau chiar este, într-un fel – împlinirea unui vis secular al omenirii, posibilitatea de *a fi tu însuţi*, autonom şi liber de orice constrângere, este şi teribil de angoasantă când devine dezirabilitate socială generalizată, când toată lumea aşteaptă de la tine să fii „autentic", iar tu vrei şi faci tot posibilul să fii tu însuţi, tot timpul şi pretutindeni. E foarte greu să deţii tot timpul controlul, să te autocontrolezi, pentru a scoate la iveală şi a împlini adevărata ta identitate, mai ales în condiţii de maximă fluiditate a societăţii în care trăieşti, de schimbări de reşedinţă, de meserie, de loc de muncă, de partener de viaţă etc. „Într-o societate în care se impun flexibilitatea, graba, viteza, competitivitatea, eficienţa etc., a fi tu însuţi nu mai este un lucru atât de simplu, în măsura în care trebuie să te reinventezi clipă de clipă, să te adaptezi împrejurărilor, să-ţi asumi autonomia, să fii mereu la înălţime." Or, „nu toţi dispunem de capacităţi egale pentru a ne susţine propria independenţă şi mulţumirea de sine" – şi nici măcar cei mai dotaţi în această privinţă nu pot ţine tot timpul pasul cu această provocare. Tendinţa de evadare în ceea ce David Le Breton numeşte „spaţiu alb" (*blancheur*) este astfel mult mai puternică şi mai frecventă. Este „o absenţă faţă de sine mai mult sau mai puţin pronunţată, un mod de a te depărta de tine sub o formă sau alta din cauza dificultăţii sau a efortului de a fi tu însuţi". Rezultatul poate fi o *fugă*, o „evadare din sine": „Spaţiul alb este o paradoxală voinţă de neputinţă. Este voinţa de a nu-ţi mai dori să ai controlul asupra propriei existenţe şi de a te abandona sorţii. Este o căutare deliberată de mai puţin, într-un context social al abundenţei. Este o dorinţă de a te eclipsa în faţa obligaţiei de individualizare". Soluţiile merg de la *downshifting* la *burnout*, comportamente care nu sunt câtuşi de puţin mecanisme de apărare, dar care, iată, pot fi folosite oarecum în acest sens. Pe de altă parte, reacţia la presiunea autenticităţii permanente poate fi o *piua*, o evadare nu din sine, ci din lumea acestei presiuni, o „vacanţă". Această evadare „are loc sub o formă deliberată, fericită, de exemplu prin intermediul unei activităţi fizice, sportive sau recreative, al călătoriilor, printr-o viaţă de noapte diferită de aparenţele oferite de viaţa curentă sau prin retragerea la o mănăstire... În astfel de momente, individul evadează în mod ludic".

Having fun este unul dintre cele mai importante şi mai la îndemână moduri ludice recente de evadare. Ca şi celelalte practici de acest gen, amuzamentul este un fel de supliment alimentar care protejează eul de tratamentul intensiv cu gândire pozitivă şi supradoze de fericire. Toate acestea chiar permit ca jocul să meargă mai departe, spre mulţumirea reală a unei (relative) majorităţi. Însă, în mod special, amuzamentul trebuie să însoţească permanent căutarea sinelui adevărat, a autenticităţii. Iar pentru aceasta, repertoriul de amuzamente trebuie să crească şi el permanent, trebuie să te poţi amuza din orice, să te amuzi oricând. De ce? Pentru a nu lua tot timpul în serios menirea asumată de a fi tu însuţi, pentru a uita de responsabilitatea pe care o implică aceasta, pentru a nu ajunge să fii angoasat de necunoscutele autenticităţii. *Selfies* pentru a nu mai trebui să decizi cine eşti cu adevărat, coerent şi consecvent, ci să poţi „evada ludic" în spectacolul aparenţelor tale. Iar acest amuzament compulsiv este mai frecvent în adolescenţă, pentru că, în această perioadă, îţi pui mai mult decât în restul vieţii întrebări despre cine eşti sau cine ai vrea să fii cu adevărat.

Această formă de „simţ al umorului" nu poate să străbată însă dincolo de spaţiul protejat al societăţii fericirii. De când sunt în spital s-au mai internat trei tineri, tot cu leucemie. M-am uitat de multe ori la chipurile lor. Nu aş spune că e vorba nici de frică, nici de revoltă; este, am impresia, pur şi simplu perplexitate: cum e posibil aşa ceva? Spitalul este frontiera *selfie*-ului, a aparenţelor, ceea ce e greu de conceput! După ceva timp s-a instalat nerăbdarea: când nu s-au mai gândit la moarte, au început să se enerveze că pierd prin spital prea mult din viaţă...

*

Dacă privim însă lucrurile mai în profunzime, dincolo de aceste instrumentalizări cotidiene ale umorului, dincolo de *fun* ca practică socială curentă și drept al cetățeanului, există, după cum spuneam, și o întreagă ideologie. Iar această ideologie este, în sine, un soi aparte de „mecanism colectiv de apărare". Un mecanism de apărare mai apropiat de *refuz* (*déni*, *denial*), spectacolul unei societăți care a învățat să pună în scenă unul dintre visurile eterne ale omenirii: suferința umană poate fi eradicată – și nu *acolo*, într-o lume „de dincolo", ci *aici*! Desigur, toate acestea cu implicarea activă a adepților acestei optimiste religii de piață: copiii nu vor mai suferi, pentru că niciun părinte, profesor sau vecin nu va îndrăzni să-i mai frustreze de ceva, niciun adult nu va mai fi trist, căci va avea un corp perfect și sănătos, de care să se bucure permanent, niciun bătrân nu va mai cunoaște frica de moarte, pentru simplul motiv că nici el, nici nimeni altcineva în preajma sa nu vor mai vorbi despre moarte.

Legat de această ideologie relativ recentă a gândirii pozitive și fericirii compulsive, Leszek Kołakowski făcea, în 1966, o constatare destul de vizionară pentru vremea aceea:

> Dintre calitățile importante ale civilizației noastre, calități care au atras mai puțin atenția, face parte îndepărtarea totală de credința în valoarea suferinței. Faptul că suferința este o sursă a valorii constituie o convingere prezentă în majoritatea culturilor primare pe care le

cunoaştem. (...) Aceeaşi intuiţie transpare în cultura creştină în toate componentele sale, care justifică necesitatea practicilor ascetice, precum şi întreaga severitate – sau chiar ostilitate – sistematizată în atitudinea omului faţă de propriul corp. (...) Este adevărat că acest cult al suferinţei a fost, de-a lungul veacurilor, un organ folosit la nesfârşit şi fără ruşine de guvernanţii Bisericii, pentru a justifica nedreptatea şi exploatarea, că le-a servit fără de măsură claselor privilegiate, în grija lor de a-şi păstra privilegiile. (...) Dar există o diferenţă între a refuza să accepţi cultul masochist al suferinţei (...) şi a recurge, din teama obsesivă în faţa suferinţei, la narcotice, care permit ca realitatea răului să nu ajungă la conştiinţă ori să-i estompeze prezenţa printr-o benevolă ameţire a sinelui.

Dincolo de narcoticele propriu-zise, care sunt o evidentă fugă de realitatea imediată, şi de anestezicele ce ţin de „triumfurile impunătoare ale medicinei asupra bolii şi durerii fizice – valori incontestabile, evidente", Kołakowski înţelege mult mai mult prin „cultura analgezicelor", care se contura deja la mijlocul secolului trecut. Astfel,

evadarea încărcată de panică din faţa suferinţei pare mai distructivă în domeniul legăturilor interumane şi al vieţii psihice decât în sfera afecţiunilor fizice. (...) Fugim din faţa anticipării morţii, care constituie o sursă a suferinţei, dar nu familiarizându-ne cu inevitabilitatea ei, ci dând-o la o parte din câmpul de observaţie, eliminând din viaţă întrebările supreme, lăsându-ne complet în seama proximităţii vieţii. Fugim de dragostea care este izvor de suferinţă, impunându-ne un cinism forţat faţă de întreaga sferă a sexualităţii şi renunţând,

> ca urmare a temerilor, la această bogăţie din viaţa noastră, realizabilă rareori în iubire fără durere. (...) Fugim de singurătate, dar nu pe calea depăşirii singurătăţii printr-un efort de comunicare cu celălalt, care ne-ar îmbogăţi pe amândoi; devenim incapabili de a suporta singurătatea în orice ipostază, purtăm în buzunar aparate de radio cu tranzistori [erau anii '60!], pentru a nu ne lăsa surprinşi, vreun moment măcar, de lipsa de companie: orice pauză în procesul de reciprocă afirmare în convieţuirea cu ceilalţi ni se pare ameninţătoare.

Pentru ca toate acestea să fie posibile, ca să am unde şi cum să fug de suferinţă şi de imaginea ei,

> întreaga organizare a vieţii colective trebuie să mi se înfăţişeze ca un soi de sistem uriaş de asistenţă socială. Tot ceea ce ar putea trezi în mine conştiinţa responsabilităţii constituie obiectul de interes profesional din partea unor structuri special înfiinţate în acest scop şi a unor oameni special plătiţi pentru acest interes. Nu trebuie să mă preocupe pregătirea propriului meu copil, de vreme ce există o mulţime de persoane cărora diviziunea socială a muncii le-a încredinţat această sarcină. Nu trebuie să cred că sunt responsabil faţă de un trecător care cade pe stradă, lângă mine, şi-şi pierde cunoştinţa, de vreme ce ştiu că structuri sociale speciale, de poliţie şi asistenţă medicală, sunt menite tocmai să vegheze asupra căderii acestuia, să-l ridice de pe trotuar, să-l trateze ori să-l înhumeze. Structuri speciale sunt înfiinţate cu scopul de a mă scuti de grija cu privire la căsătoria mea, viaţa mea sexuală, boala mea, munca mea, moartea mea. (...) Din cărţile de popularizare ştiinţifică aflu că pot evita sau chiar întârzia infarctul sau ulcerul, dacă doresc să-mi organizez corespunzător

propria viață; totuși, asta nu înseamnă c-aș fi răspunzător pentru corpul meu; pur și simplu înseamnă c-ar trebui să merg nu numai la cardiolog, ci și la psihiatru, să caut o rețetă pentru o mai comodă amenajare a propriului interior spiritual.

Nu s-ar zice că s-a schimbat ceva esențial față de acum jumătate de secol, când, în plin comunism polonez, Kołakowski avea această viziune asupra lumii sale contemporane. Era totuși vremea unui optimism postbelic, a unui stat providențial mai mult decât asistențial. În statul minimal al neoliberalismului, ești responsabil de corpul tău, așa cum ești responsabil de sănătatea, de bunăstarea și de fericirea ta: societatea îți dă, dar în traistă nu-ți pune...

Dar ce este rău în toate acestea? Pe cine ar putea deranja promisiunea fericirii și cine nu și-ar dori cu disperare evitarea suferinței? Nimeni, evident! Punctual, pentru mine, care sunt terorizat de un singur lucru în viață (până acum), și anume de perspectiva durerii (mai mult decât de durerea propriu-zisă), toate analgezicele pe care le-a creat medicina în ultima vreme sunt o mană cerească, le iubesc, le caut, mă liniștesc cu gândul la ele. Iar culmea în acest domeniu mi se pare când, la dentist, întâi ți se oferă un mic jet de analgezic lichid, pentru a-ți anestezia locul în care ți se va face injecția care te va anestezia cu adevărat: nu este doar o tehnologie, este o deontologie care interzice suferința pacientului.

Și atunci, ce este de comentat aici, ce este de reproșat? Nimic, în afară de minciuna care, în acest elixir al fericirii, este ingredientul principal. Minciună, ipocrizie şi uz de ipocrizie, căci viaţa ca atare nu poate fi „anesteziată". Este extraordinar că abuzul „tradiţional" asupra copiilor, bazat pe convingerea că „eu te-am făcut, eu te omor", a devenit ilegal, este pedepsit şi deci tot mai redus. Dar, dincolo de faptul că nu ştiu cât de benefică este scutirea copilului de *orice* frustrare, promisiunea fericirii prin suspendarea frustrării este o poveste de adormit părinţii. Şi aceasta din două motive elementare: a) orice fiinţă vie este vulnerabilă, iar de acest lucru nu are cum să scape doar copilul tău, orice ai face; b) părintele pur şi simplu nu are cum să ştie ce va constitui o frustrare, poate chiar o traumă, în viaţa copilului său şi s-ar putea ca, în timp, tocmai acest exces de grijă să se dovedească a fi extrem de frustrant în viaţa reală ulterioară. Lucrurile merg în acelaşi fel cu povestea corpului perfect şi sănătos sau cu eufemizarea morţii: este o strategie socială foarte atrăgătoare (de aceea şi are atât de mulţi susţinători!), dar nu poţi ţine suferinţa şi moartea sub preş la nesfârşit.

Şi atunci, care ar fi soluţia? În general, niciuna. Din păcate, ideologia, legea, norma nu pot fi însoţite de indicaţia „a se folosi cu măsură". Ca atare, nimeni nu poate prescrie doza homeopatică optimă de suferinţă într-o societate ideală. În particular însă, nimeni nu ne împiedică să căutăm propria măsură.

*

La cealaltă extremă a spectrului simţului umorului şi în opoziţie cu această „cultură a anesteziei" se află ceea ce Raymond Queneau a numit, cu o inspiraţie genială, *ontalgia*. Thérèse din *Loin de Rueil*, care îl îngrijeşte pe Loufifi, îi cunoaşte boala: ONTALGIE, care seamănă cu astmul, zice ea, dar „este ceva mai distinsă", iar *ça ne passe jamais, l'ontalgie*. Profesorul Michel, medic pneumolog, comentează astfel viziunea acestui mare astmatic care a fost Queneau: „Dacă ontologia este ştiinţa fiinţei, ontalgia este, probabil, durerea de a fi, suferinţa existenţială". Marea problemă a lui Queneau a fost deci aceea de „a concilia absurdul şi viaţa" – comentează Andrée Bergens. Iar Queneau explică, în felul său: *Je suis si mort déjà, que je puis rire aux larmes*. Pentru publicul larg, el a rămas în primul rând autorul romanului *Zazie dans le métro*, deşi acesta este departe de a fi cea mai reprezentativă operă a sa. Dar este cel mai agresiv text umoristic şi îi poate face pe cititori să „râdă cu lacrimi".

Cu acest râs, ne aflăm însă deja la marginea neantului. „Mecanism de apărare", el nu mai este nici individual *psihosomatic*, nici colectiv *social*, ci devine „mecanism" *existenţial*; şi nu mai este „apărare" de *evenimente biografice*, ci reacţie la „ontalgie", la această „durere de a fi", care constituie însăşi *condiţia vieţii*. De fapt, încetează de mult să fie un „mecanism de apărare" în sensul propriu – şi restrâns – al termenului.

Mai este atunci acest râs un „simţ al umorului"? Greu de spus... Un lucru îmi este însă clar: fără aprehensiunea neantului, simţul umorului poate să înceapă ca un şpriţ uşor de vară şi să continue cu un pahar de vin spumant; fascinat de căderea în neant, râsul poate fi revoltă demonică sau eroism umanist;

„adevăratul” simţ al umorului este însă la egală distanţă de aceste extreme, este un grăunte de neant pe care îl sorbi dintr-o cupă cu şampanie – Veuve Clicquot, de pildă... Este, din acest punct de vedere, „mediocru”, ca toate lucrurile importante – deci cu măsură – din viaţa noastră.

*

Dar „ontalgia” lui Queneau este demăsurată, este dincolo de individ – chiar dacă este, iată, trăită şi exprimată de un individ. Ea deschide şi ultima poartă a anxietăţii, a corpului, a mecanismelor de apărare, un fel de „poartă stelară” (o metaforă comercială pe care o detest, dar pe moment n-am alta mai bună) care ne transpune din psihologie în ontologie, căci *ontalgia* nu este problema individului, ci a Fiinţei. Nu este astfel de mirare că termenul nu apare – şi nu are cum să apară – în psihologie, oricât de „deschisă” ar fi varianta de psihologie la care se recurge, ci este doar o creaţie artistică: de acest domeniu al *ontalgiei* nu te poţi apropia decât pe vârful metaforelor. Se pare că doar un creator vizionar de calibrul lui Queneau putea să întrevadă acest secret al Creaţiei. Pe urmele lui, am ajuns şi eu să pre-simt ceva, atât de vag – dar şi de învăluitor –, încât nu pot să fac altceva decât să mă complac în această rătăcire cu gust de iniţiere.

Să repetăm deci: în ce constă „ontalgia”? Este „durerea de a fi”, e suferinţa Fiinţei ca Fiinţă, înainte şi mai presus de a fi Om şi Individ. Dar de unde provine? Aici avem doar o mică sugestie: dificultatea lui Queneau de „a concilia *absurdul* şi *viaţa*". Altfel spus, existenţa este absurdă, dar viaţa trebuie să aibă un sens: cum e posibil? Conştiinţa – sau mai degrabă un soi de intuiţie apriorică a *absurdului* – produce *suferinţă*, această „ontalgie" de care Omul trebuie să se apere într-un fel pentru a fi *în viaţă*. În altă zi, m-am trezit cu altă formulare: suferinţa de a fi vine din aprehensiunea ontologică a absurdului faptului de a fi, a existenţei înseşi – iar această suferinţă, această *algie ontică*, poate fi considerată şi o anxietate apriorică, pe care fiecare individ o regăseşte în sine fără să ştie vreo clipă că există. Altfel spus, există ceva de genul unei anxietăţi a priori, generată de un soi de conştiinţă intrinsecă (nu ştiu, de fapt, cum să o numesc...) a absurdului vieţii; iar această anxietate se cere compensată prin atribuirea unui sens, prin recurgerea la o *Poveste* care să creeze acest sens şi care să permită concilierea absurdului cu viaţa – şi astfel să dedramatizeze şi să facă suportabilă angoasa absurdului. Recitind, m-am pierdut, deşi îmi suna, nu ştiu de ce, foarte familiar. Am încercat atunci o formulare mai concisă: Omul este *Fiinţa întru Suferinţă*, iar existenţa sa devine modul de mântuire (apărare?) prin *Poveste*.

După primele două-trei săptămâni de spital, am avut o epifanie (negativă!) repetitivă: mi-a apărut Dumnezeu (cum altfel?!), care se scărpina uşor încurcat în barbă şi-i spunea Diavolului (cui altcuiva?!), care se vedea doar din spate (în engleză, evident): Keep them busy somehow, they should not find out that Creation was not such a bright idea after all... *După ce am visat asta câteva nopți la rând, cu mici permutări de cuvinte, am visat și o caricatură pe această temă: era, indubitabil, stilul lui Ion Barbu. I-am scris așadar și l-am rugat să-mi materializeze „epifania"...* (ilustrația 7 din fascicul).

Se poate spune însă că „absurdul" este doar o părere, o atitudine printre altele. Exact în momentul în care îmi notez aceste cuvinte, de pildă, primesc un lung SMS de la o prietenă din Franța, iar mesajul se încheie cu următoarea declarație: „S-ar părea că toate lucrurile au un sens!". Oare?

Nu este cazul să argumentez contrariul sau să mă angajez în vreo dispută pe marginea existenței lui Dumnezeu sau a sensului ultim al istoriei: mă depășește total și îmi este absolut indiferent. Și totuși, ceea ce mă intrigă de când sunt în spital – și, fără voia mea, îmi trec prin cap tot felul de idei năstrușnice – este următorul fapt: de ce întotdeauna, în marile religii, *sensul este dincolo* (în ambele înțelesuri ale termenului „sens", de direcție și de rost), de ce existența „deplină" este escatologie, de ce viața „adevărată" este amânare? Pretutindeni, lumea imanenței, lumea de *aici*, lumea existenței curente este o lume căzută, dintr-un motiv și într-un mod sau altul – păcatul originar, de pildă. În orice caz, o lume cam lipsită de sens *hic et nunc*, în care viața nu este în niciun caz un scop sau o valoare în sine, ci doar un mijloc spre adevărata existență *de dincolo*, ceea ce mie personal îmi dă un intens gust de absurd – sau de cacealma, ceea ce ar fi și mai rău! Mai mult, această „amânare" nu-ți garantează niciodată, în nicio religie, accesul la acel *dincolo* al vieţii „adevărate": *dincolo* este doar pentru premianţi, este lumea perfectă a meritocraţiei! Nu aş avea nimic împotriva acestei viziuni, dar când vezi că întotdeauna şi pretutindeni criteriile acestei meritocraţii transcendentale sunt, de fapt, cât se poate de mundane şi ancorate în jocurile de putere ale societăţilor reale, ei bine, simţi că te cuprinde o îndoială iremediabilă...

Nici când escatologia este înlocuită de istorie, adică în religiile secularizate ale modernităţii, sensul nu pare să-şi găsească locul *hic et nunc*, în lumea de *aici*: sensul este tot o promisiune, de data aceasta nu pentru altundeva, ci pentru altă dată, pentru mai târziu, pentru un soi sau altul de „sfârşit al istoriei", de împlinire finală şi universală. Doar evoluţia după Darwin nu cuprinde o astfel de promisiune, ci descrie (constată?) un soi de perpetuum mobile al selecţiei naturale, care face ca speciile puternice să poată ataca tot mai eficient, iar cele slabe să se poată feri sau proteja tot mai bine. Există, evident, un sens-direcţie în toate acestea, dar eu personal nu prea văd rostul sublim al acestei curse pentru supremaţie într-o lume heterotrofă în care, în mod inevitabil, unii se hrănesc cu alţii – şi, în 99% din cazuri, cam atât... Filosofii, gânditorii în general, au atribuit însă diverse sensuri mai nobile acestei evoluţii. Într-un fel, termenul însuşi a ajuns să subsumeze tot ce visa omenirea (civilizaţie, progres, raţiune, libertate etc.), iar procesul legic al evoluţiei a ajuns să fie un soi de marş triumfal spre un final universal şi fericit. Din această perspectivă, sensul ultim al istoriei este acea finalitate pe care istoria o poartă în ea, o teleonomie care duce, implacabil, spre idealul Omenirii, căci este atrasă de acest ideal, de acest Bine Suprem ca de un magnet. Doar că, și de data asta, criteriile acestui ideal magnetic sunt schimbătoare și intrinseci jocului politic. În plus, nimeni nu a putut să demonstreze sau să constate acest postulat: chiar și-a îndeplinit *Evoluția* promisiunile?

*

Intermezzo: *Sunt o mega-vacă!* – sau despre soartă și contingență

Dragul meu Einstein, s-ar putea ca Dumnezeu să joace totuși zaruri, dar nu vom ști niciodată cum arată zarurile Lui...

M-am trezit cu această frază în cap după ce, cu o zi înainte, citisem și recitisem câteva pasaje despre „teoria contingenței" din inepuizabilul meu Oliver Sacks. Iată ce-i scria, de pildă, paleontologul Stephen Jay Gould în această privință:

> Dragă dr. Sacks,
> Cred cu adevărat că, oarecum în mod colectiv, dar evident fără să avem contact unul cu celălalt, mai mulți dintre noi se îndreaptă spre un țel comun, care-și are baza într-o teorie a contingenței. Activitatea dumitale cu studiile de caz merge cu siguranță mână în mână cu neurologia lui Edelman, cu teoria haosului în general, cu cercetarea lui McPherson despre Războiul Civil și cu propriile mele materiale despre istoria vieții. Bineînțeles, contingența ca atare nu e ceva nou. Mai degrabă, tema a fost privită de obicei ori ca fiind în afara științei („doar istorie"), ori, mai rău, ca un înlocuitor sau chiar

un simbol al unui spiritualism neştiinţific. Important nu e să punem accentul pe contingenţă, ci s-o definim ca un subiect central al unei ştiinţe adevărate, bazată pe ireductibilitatea individualităţii, nu ca ceva opus ştiinţei, ci ca o urmare a ceea ce numim legi ale naturii şi, deci, ca un punct de referinţă fundamental pentru ştiinţa însăşi.

N-am înţeles cum funcţionează „cladogeneza" despre care vorbea Gould, dar am priceput (cred) că, în momentele esenţiale ale evoluţiei pe care le reprezintă aceasta, evoluţia poate să o ia razna, adică să o ia într-o direcţie sau alta, aşa, „brusc" şi imprevizibil. Ceva mai clar, măcar metaforic, era conceptul său de „exaptare" (*exaptation*), oarecum opus celui de adaptare: pe scurt şi pe înţelesul meu, ar fi vorba de nişte caracteristici care apar cu un anumit scop la nivelul unei specii, dar care vor deveni apoi esenţiale pentru evoluţia acelei specii într-o cu totul altă direcţie. Exemplul clasic pare să fie cel al penelor, menite adaptativ să asigure termoreglarea acelor vietăţi care nu erau încă păsările zburătoare, dar care le-au permis să o ia pe un cu totul alt drum al evoluţiei şi să devină păsările pe care le ştim acum. Ţărăneşte spus, unde dai şi unde crapă! Una peste alta, dacă evoluţia ar fi luată de la capăt, rezultatele ar fi cu totul altele. Cam la asta pare să se refere „contingenţa" evoluţiei: nu e nimic necesar, prestabilit sau măcar previzibil în ea. Adică suntem, ca specie, produsul unui „accident", al unei „contingenţe"? Se pare că da...

Sacks se dezlănţuie apoi în amintiri despre discuţiile sale cu tot felul de monştri sacri ai biologiei, neurologiei și neuroștiințelor, despre care eu n-aveam habar. Singurul de care auzisem era Francis Crick, cel care descoperise, împreună cu James Watson, faimoasa spirală dublă a ADN-ului. De Gerald Edelman, laureat al Premiului Nobel pentru medicină, nu auzisem în viața mea și, oricât s-a străduit Sacks să prezinte „darwinismul neural" și teoria sa despre „selecția grupurilor neuronale" într-un mod cât mai simplu și mai „popular", eu tot n-am înțeles nimic. Mai exact, cred că am înțeles totuși că, din perspectiva lui Edelman, selecția continuă și la nivelul individului. Iar când am aflat că a luat Premiul Nobel pentru aplicarea acestei teorii selecționiste în relație cu sistemul imunitar, am ciulit urechile.

La un moment dat, Sacks povestește despre prima sa întâlnire cu Edelman:

> Fața noastră de masă era din hârtie și, când o idee era neclară, desenam diagrame pe ea până când îi analizam toate înțelesurile. Când am terminat, am simțit că înțeleg teoria lui despre selecția grupurilor neuronale – sau măcar o parte din ea. Părea să elucideze un câmp vast de cunoștințe neurologice și psihologice, să fie un model plauzibil și testabil pentru percepție, memorie și învățare, pentru modul în care, prin mecanisme selective și interactive ale creierului, ființa umană dobândește conștiință și devine un individ unic.

Un individ unic? Sigur că sintagma îmi era cunoscută, ba era chiar banală, dar nu în felul acesta.

Sacks mai face un pas pentru a-mi stimula imaginația:

În vreme ce Crick (şi colaboratorii săi) descifra codul genetic, Edelman şi-a dat seama rapid că acest cod genetic nu putea specifica sau controla soarta fiecărei celule din corp, că dezvoltarea celulară, în special în sistemul nervos, era determinată de soiul contingenţelor – celulele nervoase puteau muri, puteau migra (Edelman le numea „nomade"), se puteau conecta una cu alta în moduri imprevizibile –, astfel încât, chiar şi în momentul naşterii, ansamblul fin de circuite neurale din creierele a doi gemeni identici diferă într-o oarecare măsură; ei sunt deja indivizi diferiţi, care reacţionează la stimuli într-o manieră individuală. (...) Edelman a înţeles, aproape de la începutul carierei sale, că procese asemănătoare selecţiei naturale ar putea fi cruciale pentru organismele individuale – îndeosebi pentru animalele mai evoluate – de-a lungul vieţii lor şi că experienţele de viaţă contribuie la consolidarea anumitor conexiuni sau constelaţii neuronale din sistemul nervos şi la slăbirea sau desfiinţarea altora. (...) Pe scurt, darwinismul neural e o selecţie *bazată pe experienţă*.

După care Sacks conchide entuziast: „Teoria lui Edelman era prima teorie cu adevărat universală despre individualitate şi autonomie". Teorie *universală* despre *individualitate*? Ceva a început să se cutremure în fundamentele gândirii mele epistemologice de novice interesat, căci această teorie *in statu nascendi* nu părea să fie acelaşi lucru cu relaţia dintre *genotip* şi *fenotip* şi, mai important, cu relaţia dintre *esenţă* şi *accident*, despre care mai ştiam şi eu câte ceva...

Sensul tuturor acestor idei şi teorii atât de îndepărtate a ajuns însă şi la mine abia când am citit următorul pasaj, de o cu totul altă factură narativă:

La câteva săptămâni după ce m-am întors din Florența – povestește Sacks – am avut o altă revelație, cumva mai neverosimilă și mai comică. Mergeam spre Lake Jefferson, prin peisajul rural bogat al comitatului Sullivan, bucurându-mă de pășunile liniștite și de gardurile vii, când am zărit... o vacă! Era însă o vacă transfigurată de noua mea viziune edelmaniană asupra vieții animalelor, o vacă al cărei creier cartografia constant toate percepțiile și mișcările ei, o vacă a cărei existență interioară consta în categorisiri și cartografieri, în grupuri de neuroni care transmiteau impulsuri și conversau la mare viteză, o vacă edelmaniană cufundată în miracolul conștiinței primare. „Ce animal minunat!", mi-am spus. „N-am văzut niciodată o vacă dintr-o asemenea perspectivă!" Selecția naturală îmi putea demonstra cum apăruseră vacile în general, dar aveam nevoie de darwinismul neural pentru a putea înțelege ce înseamnă să fii chiar *acea* vacă.

Și atunci am avut revelația: *Sunt o mega-vacă!*

După aceea, revelația s-a răsfirat într-un mănunchi de iluminări și perplexități răzlețe. Existând ca ființă vie, desigur că sunt sortit morții. Născându-mă, desigur că am fost predestinat să fiu om, doar că și Omul este, după cum am văzut, rezultatul unui lung șir de „contingențe". Născut, am fost configurat prin codul genetic într-o anumită condiție general umană, dar și predispus la anumite comportamente relativ individuale. De asemenea, născându-mă aici și acum, adică într-o anumită epocă a unei anumite culturi, am fost plasat social într-un anumit cadru de experiență – dar, în acest cadru, experiența mea este unică. Genetica și societatea mă configurează deci fiecare în felul ei, însă doar într-o anumită măsură – restul e „accident". Şi de aici încolo încep să trag spuza pe turta mea. Boala mea, de pildă, nu intră nicidecum în această „configuraţie": doar *posibilitatea* ei este înscrisă în configuraţia omului, apariţia şi desfăşurarea ei în cazul meu particular rămânând un accident şi un mister. De fapt, *boala*, leucemia mea, nu există ca „esenţă", nici măcar ca entitate generală, ci tot ca o statistică de accidente – şi, în acest fel, ca referinţă pentru practica medicală; doar eu, Mihăilescu, *bolnavul* de leucemie, exist cu adevărat – iar eu sunt un accident? Teribil! Din momentul în care a apărut, acest accident, acest mister sunt eu însumi, sunt ceea ce sunt eu în esenţa mea. Iar asta înseamnă două lucruri fundamentale: unul pragmatic – ca accident, nu pot să fiu controlat şi nu sunt previzibil; şi unul teoretic – sunt *esenţial* eu însumi în măsura în care sunt un *accident* al propriei experienţe. Îmi surâde gândul că sunt un „individ unic", dar ideea că aş fi astfel prin „accident" mă nemulţumeşte profund şi mă îngrijorează.

Mai târziu, peste câteva săptămâni, am dus la capăt (e un fel de-a spune!) această revelaţie iniţială: *esenţa este accidentul!* – mi-am spus eu. Esenţa este accidentul? – m-am întrebat apoi, când m-am auzit rostind în tăcere, undeva în capul meu, această erezie. Ei bine, se pare că da. Mă simţeam cam cum trebuie să se fi simţit oamenii bătrâni şi cumsecade din vechime când li s-a spus că pământul e rotund: aveam impresia că stau cu picioarele în sus şi o să cad curând în hău. Relaţia dintre esenţă şi contingenţă/întâmplare/accident părea să fie răsturnată cu susul în jos, ca să spun aşa.

Dar dacă aşa stau lucrurile – sau cât de cât aşa –, m-am mirat eu, după care m-am enervat, oare de ce noi, oamenii obişnuiţi, nu ştim aceste chestii esenţiale despre noi înşine?! Unde sunt eu în toată această „teorie cu adevărat universală despre individualitate şi autonomie" care inversează tot ceea ce credeam că ştiu despre mine, Om şi Lume? E revoltător! Sau, cine ştie, poate că e mai bine să o lăsăm baltă şi să ne legănăm fiecare în propria poveste – căci, vorba prietenului meu psihanalist, prea multă luciditate cosmică nu e o chestie sanogenă. Am suspendat aşadar judecata, dar noaptea, uneori, tot mă mai simt *pierdut în contingenţă...*

*

Deziluzia faţă de promisiunile tuturor acestor „mari naraţiuni" istorice a devenit atât de mare în societăţile „postmoderne", încât acestea s-au refugiat integral în imanenţă, în *lumea de aici şi de acum*, şi au făcut din experienţa cotidiană a eului autentic miza centrală a existenţei umane. Este un curaj uriaş, căci e prima dată când se renunţă la transcendenţă, la mântuirea sufletului într-un dincolo sau pentru altă dată, pentru a promite – şi impune – o împlinire a Sinelui aici şi acum. Complementar, lumea de *dincolo* este imaginată orizontal, ca o prelungire tehno-politică a celei de aici: extratereştrii sunt contemporani şi au exact aceleaşi preocupări ca şi noi; şi, până una-alta, potenţialul anxiogen al acestor fiinţe totuşi necunoscute este exorcizat prin *entertainment*: lumea de dincolo este doar *fun*. Această performanță epocală n-ar fi fost posibilă, poate, în afara unui principiu de genul *don't worry, be happy!* Este deosebit de interesant cum relativ trivialul *having fun* a căpătat o miză de mântuire și o încărcătură de-a dreptul ontologică...

*

Ce ne pot spune toate acestea?

Multe, prea multe, și mai ales profund incomprehensibile. Un motiv al inaccesibilității acestei trinități ontice *Absurd – Suferință – Poveste*, deși constitutivă Omului, este că indivizii par să nu aibă (să fi pierdut?) limbajul apt să descrie complet și comprehensiv astfel de orizonturi. *Povestea*, de pildă, deși este un soi de metamecanism de apărare, nu poate fi descrisă în termeni biologici și/sau psihologici; deși poate fi ideologie și/sau normă a unei dezirabilități sociale, nu poate fi cuprinsă în limbajul științelor sociale; nu poate fi descrisă corect nici măcar în termeni filosofici sau teologici, deși acestea sunt formele de cunoaștere prin care Omul a numit sensul, dând *Poveștii* un sens; este abordabilă, ce-i drept, în termeni poetici, dar atunci totul rămâne un fascinant joc de oglinzi, care amplifică „misterul".

Pentru uzul meu personal, am ajuns totuși la două *deschideri* (nu există și nu pot exista *concluzii* în această privință!) complementare. Pentru a le putea formula cât de cât inteligibil, voi începe prin a reformula într-un limbaj forțat elementar (cu riscurile aferente) premisele de la care plec. Putem spune astfel, cât se poate de simplu, că *Absurdul există* – măcar pentru faptul că nimeni nu a putut să demonstreze, coerent și consecvent, contrariul; că un soi de intuiție apriorică a absurdului generează *Ontalgia*, această algie ontică, această *Suferință* a faptului de a fi; și că, în sfârșit, această suferință constitutivă și definitorie este întâmpinată și transfigurată la fel de constitutiv și definitoriu prin *Poveste*.

Primul sens-direcție care decurge, pentru mine, din aceste premise este că Omul se dovedește a fi, mai presus de toate, un *Homo narrans* – dar într-un sens mult mai cuprinzător și profund decât cel acreditat de Kurt Ranke, care, se pare, a folosit pentru prima dată acest termen într-o lucrare din 1966. Omul este singura ființă vie ce poate fi angoasată până în rărunchi de absurdul aprioric al existenței și de absurditățile (puteți să le numiți greutăți sau altcumva) vieții, chiar înainte de a fi avut de-a face cu ele – iar aceasta și pentru simplul motiv că este singurul animal care poate să-și imagineze așa ceva, care poate să întrevadă invizibilul. Angoasat de toate acestea, Omul își va imagina și că lucrurile nu stau tocmai așa, că existența nu este de fapt absurdă, că greutățile vieții pot fi ușurate, compensate, eludate într-un fel sau altul – adică va naște o *Poveste* reconfortantă, care să-i pună cât de cât la adăpost angoasele care îl însoțesc pe tot parcursul existenței sale. Suferința este o operă deschisă despre care s-au scris (și se vor scrie) sumedenie de Povești, dacă nu vesele, cel puțin înțelept-consolatoare – adică „anxiolitice"...

A doua mea constatare – căci aceasta este o constatare – se referă la faptul că nu avem nici cea mai mică idee despre cum circulă Povestea din transcendental în celule şi retur, cum este ea încorporată astfel încât să funcţioneze, să fie dătătoare de viaţă la toate nivelurile sale de implicare şi manifestare; că nu ştim nimic despre cum se leagă biochimicul cu ontologicul – şi că, de fapt, nici nu interesează toate acestea. Or, *Povestea* funcţionează, funcţionează în toate registrele sale, chiar şi atunci când nu noi suntem autorii direcţi ai „poveştii", ci suntem mai degrabă povestiţi. Altfel spus, suntem parte a Marii Poveşti, a unei *Poveşti încorporate*, alcătuită din tot ceea ce am despărţit de-a lungul mileniilor: sânge şi zei, suflet şi corp, biochimie şi ontologie. Dacă aşa stau lucrurile, atunci înseamnă că, dacă vrem să domesticim puţin acest abis, dacă vrem să cunoaştem ceva mai bine Omul, ei bine, trebuie să ne apropiem cu mai multă atenţie şi deschidere de această incomprehensibilă *Poveste încorporată*. Vom înţelege ceva cu adevărat fundamental despre Om în momentul în care vom reuşi să desluşim măcar ceva din relaţia intimă, profundă şi misterioasă dintre constipaţie şi Dumnezeu!

*

„Cel puţin 70% dintre boli au drept cauză anxietatea sau stresul", este de părere psihologa Anda Păcurar. Conform American Institute of Health, s-a estimat că 75-90% dintre vizitele la medicul de familie (*primary care physicians*) sunt cauzate de tulburări legate de stres. „Între 30 şi 40% dintre primele vizite la medicul curant (*first contact primary care visits*) sunt legate de stres sau sunt de natură psihică", susţine dr. Clifton Meador. Într-un interviu cu David Hunnicutt, preşedintele Wellness Councils of America, dr. Brian Seaward afirma că „există dovezi clare că aproximativ 80-85% dintre toate bolile şi afecţiunile nu sunt doar *legate* de stres, ci există în ele şi un factor *cauzal* legat de stres (*a stress-related causal factor*)". „Bolile psihosomatice reprezintă peste jumătate din cazurile tratate de medici şi se apreciază că 90% dintre boli sunt agravate de emoţii negative" – afirmă numeroase site-uri medicale de popularizare. Complementar, s-a scris foarte mult despre efectele sanogene pe care le au stările de spirit pozitive asupra organismului. „Persoanele cu o atitudine mai bună faţă de bătrâneţe (pe la 50 de ani) au trăit, în medie, cu şapte ani şi jumătate mai mult decât cele care manifestau o abordare mai pesimistă" – afirmă, de pildă, dr. Becca Levy, în urma unei cercetări longitudinale realizate în 1975 după toate regulile statisticii medicale.

Oare chiar aşa să fie, corelaţii statistice de 50%, 70%, 90% între starea de spirit şi boală, între optimism şi longevitate? Există, cu siguranţă, o doză importantă de adevăr în toate acestea – doar am trăit şi eu aşa ceva pe pielea mea! Dar cam care să fie partea de „psi" şi care partea de „bio"? De fiecare dată când dădeam peste ele în timp ce stăteam în vârful patului la spital, cu laptopul pe genunchi, aceste evaluări mi se păreau uşor ridicole, ca un soi de partaj efectuat înainte să fi existat vreo căsătorie.

Acest gen de partiţii trimite cu gândul la un soi de *topografie a bolii*: oare cam cât „spaţiu" ocupă *soma* și cam cât *psi*? Ceea ce, mai departe, ridică două probleme complementare.

Pe de o parte, cum face *psi* ca să pătrundă în *soma*, în corp, și să influențeze starea de bine sau de suferință a acestuia? Freud, de pildă, atrăgea atenția că, în situații de tensiune, „psihicul face un salt în organic". O exprimare foarte plastică și, într-un fel, perfect acceptabilă „cultural": dualismul „psihosomatic" datează din Antichitatea greacă și, regândit de Descartes, a însoțit și marcat întreaga cultură europeană până în ziua de azi. Formularea lui Freud confirmă, într-un fel, această viziune milenară: pentru ca „psihicul" să facă un salt în „organic", este nevoie, în prealabil, să considerăm psihicul ca fiind distinct și despărțit de organic. Pe de altă parte, deși despărțit de corp, psihicul poate face un „salt" în biologic: „Dacă alungăm o anumită problemă (personală) pe ușă, atunci ea intră pe fereastră sub forma unui simptom de boală" – mai spunea Freud.

Dar cum anume poate sări psihicul pârleazul pentru a acționa în corp? Prin glanda pineală, a fost de părere Descartes, adică tocmai cel care a dat forma modernă și fermă a dualismului corp-psihic. Au urmat explicațiile psihofizice, psihosomatice și, mai târziu, neuropsihologice. Însă încercările psihosomaticii, începute în prima jumătate a secolului al XIX-lea, au fost cele care au abordat cel mai direct această problemă a relației psihosomatice. Multă vreme, ele au rămas însă la periferia „adevăratei" medicine, practicienii psihosomaticii (în majoritate psihanaliști sau măcar inspirați de aceștia) fiind asimilați mai degrabă „medicinelor alternative", iar bolnavii fiind suspectați că suferă de „boli imaginare". Îmi aduc aminte și de tatăl meu, cardiolog, care, deși îi asculta până la capăt pe toți pacienții, pe unii îi trimitea, în final, enervat, la psihiatru: *La inimă n-aveți nimic!* Chiar și în prezent însă, o trecere în revistă a situației psihosomaticii în lume, realizată din 2008 de Marie-Claire Célérier, nu este foarte optimistă. „Progresele cunoștințelor din biologie, în speță din imunologie și neuroștiințe, au permis să se spere la o nouă înțelegere a faptelor psihosomatice – recunoaște aceasta; dar hiatusul dintre *psychē* și *sōma* persistă." Pe de altă parte, adaugă Célérier, „oamenii de știință ne-au oferit în ultimele decenii și modele pentru a înțelege... limitele înțelegerii noastre. Teoria nivelurilor emergente, de pildă, consideră că funcționarea unui sistem biologic complex nu se reduce la suma funcționării elementelor care îl alcătuiesc; miliardele de conexiuni neuronale nu ne vor spune niciodată de ce Pierre s-a îndrăgostit de Marie și de ce faptul că știa că iubirea îi este împărtășită a contribuit – cel puțin «așa cred» – la stoparea, măcar pentru o vreme, a procesului autoimun, demielizant, care îl făcuse să nu se mai poată folosi cum trebuie de picioarele sale". În final, Marie-Claire Célérier face o confesiune dezarmantă: „Trebuie să recunoaștem că prima generație de psihosomaticieni și generația mea au eșuat în încercarea lor de a-i convinge pe medici să includă cauzalitatea psihică în etiologiile maladiilor fizice".

Acest „eșec" este una dintre cauzele pentru care medicina psihosomatică, în ansamblul ei, a ajuns să fie considerată, de mult mai pragmatica și influenta „medicină comportamentală" din Statele Unite, doar o precursoare desuetă. Pe de altă parte, în acest domeniu care se vrea mult mai „ştiinţific", *Annals of Behavioral Medicine*, lider de piaţă în domeniu, publică, într-un număr din 2010, două sinteze: una argumentând relaţia dintre stările de spirit şi evoluţia maladiilor canceroase şi susţinând importanţa „psihologiei pozitive" (Aspinwall şi Tedeschi); şi alta care consideră această orientare o poveste care se autoperpetuează, fără a avea însă nicio „bază empirică validă" şi fără a fi capabilă să formuleze „ipoteze falsificabile" (Coyne *et al.*). Această coexistenţă, în paginile aceluiaşi număr al unei reviste de referinţă, a unei afirmaţii şi a unei negaţii la fel de vehemente nu poate decât să pună sub semnul întrebării consistenţa întregului domeniu. Mai mult, se pare că disputa a căpătat vagi tente „religioase": crezi în psihosomatică sau nu? În cazul susţinătorilor, *psihologia* pozitivă la care recurg seamănă prea mult cu aplicarea, în psihologie, a *ideologiei* gândirii pozitive, în timp ce, pe de altă parte, *pozitivismul* în genul lui Coyne, care se reclamă dintr-o *epistemologie* popperiană a ipotezelor falsificabile, nu va putea niciodată să confirme sau să infirme cu adevărat procese psihosomatice individuale. Avem de-a face cu un transfer ilicit de ideologie, în primul caz, şi cu unul de epistemologie, în al doilea; laolaltă, avem de-a face tot cu un eşec.

Poate tocmai de aceea, în ultima vreme, psihosomatica pare să fi părăsit această cale pozitivistă, evoluând spre o viziune tot mai integralistă şi mai „ecumenică", de natură să contopească acest „partaj" într-o unitate a individului. Pentru Thure von Uexküll şi medicii contemporani influenţaţi de acesta, de pildă, psihosomatica nu este o subspecialitate, ci mai degrabă o parte integrantă a oricărei specialități. În consecință, perspectiva psihosomatică ar trebui să fie o *atitudine* centrală a medicilor, în general, nu o specializare a unora sau altora. De partea cealaltă, ca să spun așa, a neuropsihologiei, există o tendință similară. Specialiști precum Victor Skumin, de pildă, au ajuns la concluzia că distincția dintre tulburările „pur" fizice și cele „amestecat" psihosomatice a devenit desuetă: aproape toate bolile fizice includ factori mentali care condiționează apariția, manifestarea, durata, rezistența la tratament și remisiunea lor, consideră acesta.

Însemnătatea acestei perspective este fundamentală, întrucât ea încearcă să iasă din capcana *dualismului psychē-sōma*, declarând un *monism* al ființei umane. Și totuși, acest monism pare mai degrabă un soi de „genă recesivă" într-o lume în care „gena dominantă" rămâne dualismul. Ne vine foarte greu, se pare, să ieșim din această capcană a dualismului. De fapt, spiritul și corpul, psihicul și somaticul *acționează unul asupra celuilalt* doar pentru că au fost *despărțite unul de celălalt* acum vreo două mii de ani, iar noi continuăm și în prezent să trăim, să gândim și să rostim ființa noastră individuală în acești termeni. Am făcut-o și eu, în cel mai spontan și mai firesc mod cu putință, când am încercat să-i explic doctorului meu că simptomele somatice de care am suferit se cheamă „atac de panică" și că sunt, de fapt, de natură „strict" psihică. Strict psihic, strict somatic?...

În plus, acest „partaj" nu este doar rezultatul unei îndelungate tradiții de gândire, ci și al unor interese de castă mai recente: separarea instituțională dintre medicină şi psihologie, fiecare breaslă apărându-şi cu încăpăţânare teritoriul. Dat fiind că medicii n-au chef să se amestece cu breasla inferioară a psihologilor, e bine ca fiecare să-şi vadă de treaba lui, în instituţiile sale, în asociaţiile, congresele şi publicaţiile sale academice: medicii – cu monopolul bolilor somatice, psihologii – cu cel al bolilor psihice. Iar pentru aceasta, desigur, „psihicul" trebuie să rămână şi el la *locul* lui, diferit de „somatic".

Pe de altă parte, această topografie a bolii poate fi citită şi altfel, cu alte implicaţii. Corpul înseamnă întindere în spaţiu (*res extensa*), afirma Descartes, făcând posibilă „spaţializarea" medicinei, localizarea ei în diferite părţi ale corpului, cu felurite specializări medicale care să se ocupe de aceste organe diverse. Situaţia psihicului a rămas însă cam ambiguă, căci nu este foarte clar unde ar putea fi „localizat" acesta, ci doar că trebuie să pătrundă în vreun fel în corp, prin glanda pineală, după cum am văzut că era de părere Descartes, prin diferite „localizări" cerebrale, după cum sugerează atât neuropsihologia, cât şi psihosomatica. Dar dacă acest lucru nu este suficient, dacă stările *psi* nu încap întru totul în cap? Dacă, în ultimă instanţă, Michel Foucault are dreptate şi boala – deci şi corpul – nu încape într-un „spaţiu euclidian"? „Oare pot aceste fenomene (medicale) să-şi găsească legea spaţializării într-o anatomie euclidiană?", se întreabă Foucault. S-ar zice că anularea dualismului schimbă şi spaţialitatea limitată a corpului partajat cu psihicul: corpul nostru cel de toate zilele devine pur şi simplu mai... cuprinzător! Este o intuiţie pe care a avut-o, prozaic, şi „doamna constipată": „Dragă, constipaţia nu e de la stomac, e de la spital!".

Și dacă, în ultimă instanță, ar trebuie să acceptăm că *suntem* un corp, în loc să fim convinși că *avem* un corp, dacă individul uman este o entitate, și nu o dualitate ale cărei părți se întâlnesc în mod mai mult sau mai puțin miraculos în „cap"?! Dacă individul Mihăilescu este o entitate particulară, cu patternul său distinctiv de adaptare la lume, care combină *sui-generis* și definitoriu mecanisme și legități universale ale materiei vii? Dar dacă lucrurile stau cât de cât așa, medicina „somatică" are o problemă: „Excesiv reglată de universalii, această medicină se împiedică de singularitatea inconturnabilă care se impune acolo unde, din punctul ei de vedere, totul ar trebui să fie stăpânit, în așa măsură încât această piedică riscă să-i dea peste cap toate proiectele", este de părere François Ansermet în *Les inventions de la clinique*.

Gașpar c'est moi!

Și, ca să nu uit, mi-am instalat pe birou și o altă parafrază:

Go, Gașpar, go!

Mecanismele de apărare există, am văzut. Dar, încă prizonieri ai paralelismului psihosomatic, fie el și într-o formă mai „soft", nu reușim deocamdată să ne imaginăm cum funcționează ele mai în detaliu. În mod paradoxal, pentru ca medicina să triumfe, prețul care a trebuit plătit a fost tocmai uitarea corpului ca unitate și individualitate.

E foarte frumos şi înduioşător că mi-am numit corpul Gaşpar, dar cine este *eu* şi cine *Gaşpar* în această poveste de dragoste, cine a avut grijă de cine, cine a apărat pe cine? Şi mai ales cum?...

Suicidul

Nici suicidul nu este un mecanism de apărare, deşi poate juca oricând acest rol: sinuciderea rămâne „marea fugă”, asul din mânecă la limita suferinţei.

Conform statisticilor medicale, cancerul pare să fie singura maladie având o corelaţie statistic semnificativă cu suicidul: bolnavii de cancer recurg la sinucidere (sau măcar au „ideaţie suicidară”) semnificativ mai frecvent decât restul populaţiei. În mare, se pare că riscul de suicid este de două ori mai mare la bolnavii de cancer decât la populaţia generală (în SUA). Diferenţe considerabile în ceea ce priveşte sinuciderea există însă în funcţie de gen (de patru-şase ori mai frecventă la bărbaţi decât la femei), vârstă (de două-trei ori mai frecventă la pacienţii cu vârste de peste 65 de ani), timpul scurs de la aflarea diagnosticului (riscul maxim, se pare, este între prima lună şi primul an, din nou diferenţiat în funcţie de gen: de la o lună la trei luni în cazul bărbaţilor şi între luna a treia şi a douăsprezecea la femei) şi, poate mai puţin previzibil, în funcţie de rasă (de două-trei ori mai frecventă la albi decât la negri). Aş pune pariu că la noi există o diferenţă similară între urban şi rural – dar noi nu avem o evidență concretă a suicidului nici măcar la nivelul populației generale...

Cercetările merg și mai departe, încercând să identifice riscuri de suicid diferențiate în funcție de tipul de cancer. Aici însă constatările par să fie destul de diferite de la o cercetare la alta. După unele cercetări, se pare că rata de suicid este minimă la leucemie (?) și mult mai mare la cancerul de plămâni sau la cancerele de stomac etc. După altele, rate mai mari au fost înregistrate la bolnavii de cancer la plămâni, prostată, pancreas sau cap și gât. La femei, riscul de suicid pare a fi mai mare în cazul cancerelor ginecologice, în speță ovarian. Și așa mai departe.

Chiar putem considera că, în toate aceste cazuri, suicidul are o „funcție de apărare"? E greu de spus, căci suntem mult prea tributari abordărilor teologice și/sau morale ale chestiunii. Dincolo de acestea însă, posibilitatea sinuciderii rămâne o garanție de libertate, promisiunea ultimă de păstrare a controlului asupra propriei persoane: ține de mine și doar de mine și, dacă vreau, o fac – sau *pot* să o fac!

De regulă, atât ideația suicidară, cât și sinuciderea propriu-zisă vin pe fondul unei depresii mai mult sau mai puțin grave. În lipsa (relativă) a acesteia, gândul la sinucidere poate fi mult mai „vesel", un fel de *catch me if you can!...*

În-chipuiri ale corpului

> În ultimă instanță, istoria este locul fantasmatic prin excelență: corpul uman.
>
> Roland Barthes

În *Purity and Danger*, Mary Douglas susținea cât se poate de ferm: „Corpul uman este considerat întotdeauna o imagine a societății și nu există niciun mod «natural» de a aborda corpul care să nu implice totodată o dimensiune socială". Nu numai că are dreptate, dar o bună parte a antropologiei nu a făcut altceva decât să ilustreze acest fapt. M-a fascinat, de pildă, antropologia corpului samo, o populație din Volta Superioară, descrisă de Françoise Héritier. În această înfățișare, „corpul" (sau ființa umană, e greu de spus) este alcătuit din următoarele nouă elemente:

- Corpul (carnea): aportul mamei;
- Sângele: aportul tatălui;
- Umbra;
- Căldura și sudoarea;
- Suflul;
- Viața: individuală, netransmisă de părinți;

– Gândirea: diferențiată în *yeyera* (capacitatea de înțelegere) și *tase* (capacitatea de rememorare și anticipare);
– Dublul (*mere*): partea nemuritoare a omului, transmisă de divinitate și proprie tuturor elementelor importante ale naturii; după moarte, toate celelalte componente dispar și rămâne doar *mere*, care recompune cele opt elemente dintr-o primă „viață a mortului" în primul „sat al morților", unde răposatul reia relațiile cu rudele sau își creează noi relații, dând naștere unor noi ființe, care nu au avut anterior viață. Urmează o a doua moarte, care duce la prima „moarte de moarte". În final, *mere* trece într-un arbore sau, mai rar, devine „geniul" unei anumite specii.

La acestea se adaugă următoarele „atribute" individuale:

– Numele (*to*), care plasează individul în grup;
– Omonimul supranatural (*toma*), indicând relația cu puterile extraumane care i-au permis viața;
– Marca ereditară (*bore*), indicând strămoșul care s-a încarnat în individ (deși nu toți copiii au un *bore* și nu toate spiritele strămoșilor aleg să revină în nou-născuți);
– Spiritele (*patara*), benefice sau malefice, intervenind în cupluri și alegând câte un individ ca „sediu", ceea ce determină la acesta clarviziune sau nebunie.

Cine mai este „subiectul acțiunii" în acest caz? – se întreabă, retoric, Lévi-Strauss, comentând această descriere a corpului samo. Cum este alcătuită acea „individualitate" inconfundabilă a fiecăruia dintre noi? – mă întrebam și eu, retoric, de fiecare dată când prezentam la curs acest pasaj. Mai mult, ce legătură are acest corp cu corpul nostru, cum mai pot fi ele identice? Tot ce poți să spui dintr-o perspectivă inevitabil eurocentrică este că acest corp pare să nu aibă nicio legătură cu corpul „nostru" și, mai ales, că individualitatea „evidentă" a oricărui corp se pierde aici într-o rețea incomprehensibilă de „actanți" naturali și supranaturali, în egală măsură sacri și profani: niște primitivi, ce să-i faci!...

La a doua privire, lucrurile devin însă mai interesante, căci ne putem citi propriul corp în construcția cosmogonică a unui corp Alter. Sună aberant: corpul uman este, în modul cel mai evident cu putință, universal și necesar, fie că-l privești din perspectiva evoluției, fie că-l consideri din perspectiva Creației. Așa este, dar acest corp universal e în-corporat diferit în și prin culturi diferite.

Prin comparație cu acest fantasmagoric corp samo, corpul european, corpul nostru, ne va apărea nu doar ca fiind de domeniul evidenței (el este corpul „adevărat", așa cum este el „de fapt"), ci și incomparabil mai logic și mai simplu: individul uman este alcătuit din *psychē* și *sōma*, mai popular, din corp și suflet/spirit. Această „închipuire" culturală simplifică și alt aspect fundamental: cine este subiectul acțiunii, respectiv cauza, actantul? După cum am văzut, în cazul corpului samo, este extrem de dificil pentru un european să imagineze un răspuns: aportul mamei și al tatălui, suflul, gândirea, strămoșii, duhurile? Toate aceste

„entităţi" combinate într-un mod derutant sunt, fiecare în felul său, subiecţi ai acţiunii, cauzele comportamentelor şi experienţelor corporale. Cine poartă atunci responsabilitatea acţiunilor? – se mai poate întreba o minte europeană. Cred că nu ne rămâne decât să ridicăm din umeri... Comparativ, în cazul corpului european, lucrurile sunt incomparabil mai simple. Răspunsul dat de cultura europeană încă de la originile ei este unul moral: subiectul, cauza, actantul definitoriu *ar fi bine* să fie sufletul/spiritul/raţiunea/mintea, adică *nu ar fi bine* ca omul să asculte de glasul corpului, al cărnii, al naturii din el – şi al emoţiilor plasate în corp, şi nu în suflet. Simplu şi eficient: în locul reţelei încâlcite de „actanţi" din corpul samo, în cazul european, *tertium non datur!*

Corpul european este produsul istoric al unei traume originare: despărţirea sufletului de corp. Această despărţire s-a produs la originea culturii europene, adică în Antichitatea greacă, a fost formulată diferit de Platon şi Aristotel, a fost preluată în fel şi chip de Biserică, a fost profund reformulată de Descartes şi, dacă e să-l credem pe Norbert Elias, a însoţit întregul „proces de civilizare", fiind, de fapt, chiar chintesenţa acestuia: un om civilizat este un om care îşi stăpâneşte şi controlează tot ce înseamnă pornire naturală, nevoi şi tendinţe ale corpului. Civilizaţia occidentală s-a născut sub semnul „corsetului" – afirmam cu altă ocazie; şi nu cred că greşeam. În orice caz, Marianne Mesnil are sigur dreptate când afirmă că „pierderea suferită de «omul civilizat» pentru ca Civilizaţia să poată triumfa nu este nimic altceva decât propriul său corp": omul european civilizat a ajuns să *posede* un corp de care nu trebuia să se lase *posedat*.

Au existat, desigur, în istoria Europei și insule de libertinaj și sclipitoare personaje libertine, dar oamenii au început să asculte cu adevărat (și) de glasul corpului abia după al Doilea Război Mondial, odată cu revoluția sexuală și eliberarea corpului din anii 1960. Cam în această perioadă, din supus, corpul devine dominant, principalul subiect, actant, devine *agency*: de la „nu e bine să-ți asculți corpul" se trece la „e bine nu doar să-l asculți, ci și să-l promovezi". „Timp de secole, a existat o străduință de a convinge oamenii că nu aveau [un corp, *n.n.*]; astăzi există obstinarea sistematică de a-i convinge de corpul lor. O propagandă necontenită ne amintește (...) că nu avem decât un corp și că trebuie să-l salvăm. (...) Totul probează astăzi că acest corp a devenit obiect de mântuire. Acesta s-a substituit literalmente sufletului în această funcție morală și ideologică", observa Jean Baudrillard în urmă cu aproape jumătate de secol. Între timp, acest cult al corpului sănătos, al corpului-proiect-de-optimizare, al corpului fericit în prezentul său continuu a pus stăpânire pe lume: este noua „mască", să-i zicem postmodernă, a corpului. Este o mască a reușitei, care conferă tuturor purtătorilor ei un soi de superstiție a infailibilității: acum vreo zece ani, 93% dintre americani au fost de acord cu afirmația „dacă fac acțiunile cuvenite, pot rămâne sănătos". Există astfel o ironie intolerabilă în îmbolnăvirea acestui corp „veșnic sănătos", care crede sincer în tinerețea fără bătrânețe...

*

Intermezzo: Corpul libertarian

Am cunoscut câţiva indivizi care se declarau cu orice ocazie, calm, dar ferm, „libertarieni". Poate nu întâmplător toţi erau bărbaţi bine, cu succes evident la femei şi în carieră, siguri pe ei, cu eleganţă şi refuzând condescendent să mai comenteze stângisme puerile, precum încălzirea globală sau Obamacare. Dar cel mai mult m-a impresionat la toţi aceşti „libertarieni" calmul suveran cu care îşi purtau corpul. Nu un corp „lucrat" la sală, ci un corp garantat eligibil în selecţia socială a evoluţiei; nu un corp de expus public, ci pur şi simplu corpul propriu, care părea să se afle însă sub protecţia sacrosanctei *self-ownership*, aşa că nu i se putea întâmpla nimic: corpul meu este proprietatea mea şi orice lezare a acestei proprietăţi poate fi considerată, pe bună dreptate, o violare de domiciliu. Moartea, un abuz?...

*

Acest cult al corpului – al corpului veşnic tânăr şi încrezător în tinereţea sa – nu este doar optimist, ci are în el ceva de-a dreptul măreţ, înălţător; îţi dă încredere în tine, în viitorul tău şi, în general, în viaţă. Poate chiar exagerat de multă, însă...

Le-am observat întâi separat. Aşteptând la tomograf, în faţa mea, dar ascunsă oarecum după un colț, era o doamnă pe la 50 de ani, foarte agitată, care tot repeta pasaje dintr-o carte (nu era Biblia, ci ceva legat de Arsenie Boca), scria ceva pe niște foi de hârtie și-și făcea cruci peste cruci. Puțin mai departe, într-un cărucior, o tânără blondă, cu o față albă și fină, arăta ca un înger azvârlit la țărm de o maree neagră. Soțul ei încerca să o încurajeze, dar, ca imensa majoritate a bărbaților, mai mult de „o să vezi, o să fie bine!" nu era în stare să spună. După care a ieșit, total depășit, la o țigară. Atunci s-a apropiat doamna din fața mea, care s-a dovedit a fi mama fetei din cărucior. A strâns rapid cărțile de rugăciuni și hârtiile de pe scaun, și-a schimbat în mod incredibil privirea și s-a apropiat fermă și surâzătoare de fata ei. I-a mai dat să bea puțină apă, așa cum ceruse doctorul pentru tomografie, i-a aranjat puțin hainele...

— Ina, ești fata mea, uită-te la mine, sunt plină de energie, și așa ești și tu. Așa ai fost de mică! Mai ai răbdare un pic, mergem la tomografie și o să vezi că nu e nimic grav!

— Dar nu înțelegi, mamă, eu n-aveam ce să caut aici! Cum e posibil?...

*

Cred că avea 30-35 de ani, genul mai degrabă corporatist – îmi povestește Ana una dintre întâlnirile sale din parc. Venise pentru prima dată la spital, la maică-sa:

— Doamnă, e prima dată când intru într-un spital și, credeți-mă, mi s-a făcut frică! Așa, două-trei

zile, poate, nu ştiu, dar să stai o săptămână, cum este posibil, cum poate cineva să stea o săptămână într-un spital?

M-am uitat la ea: începuse să plângă. Boala, spitalul erau de neînchipuit, erau o surpriză inimaginabilă...

*

Intermezzo: Smile or die

Barbara Ehrenreich este doctor în biologie celulară. Mărturia sa autobiografică, dar profund analitică (*Smile or Die: How Positive Thinking Fooled America and the World*), este cât se poate de edificatoare.

Într-o zi, a aflat pe neaşteptate că are cancer la sân. A intrat astfel în „lumea veselă a cancerului mamar", un fel de *don't worry, be happy*, în care a fost luată în primire de grupuri de suport şi îndrumată cum trebuie să se comporte pentru ca toată experienţa să fie mai degrabă un... dar existenţial. „Din această imersiune în utopia falsă a naraţiunilor optimiste de supravieţuire personală şi din sfaturile de a îmbrăţişa cancerul ca pe un dar s-a născut *Smile or Die*", aminteşte o comentatoare.

Cheia este, desigur, gândirea pozitivă, care, i s-a explicat, „stimulează pozitiv sistemul imunitar". Dincolo de acest mit (care se poate prelungi în convingerile şi propaganda „autovindecării"), gândirea pozitivă domină blogurile şi grupurile de suport şi face ca orice expresie de furie, deziluzie sau nemulţumire să fie eliminată din limbajul acceptat. „Gândirea pozitivă – spune

Ehrenreich – pare să fie obligatorie în lumea cancerului de sân, în aşa măsură încât nefericirea cere un soi de scuze." Nu poţi să te arăţi abătut, trebuie să fii încrezător. Mai mult, Ehrenreich a consemnat cazuri în care, deoarece cancerul de sân a evoluat dincolo de limita remisiunii, persoanele respective au fost pur şi simplu scoase din grupurile de suport, iar numele lor nu au mai apărut pe bloguri, de parcă moartea ar fi doar vina celor slabi.

*

Comun şi edificator este acest limbaj pozitiv cu orice preţ, în speţă un discurs „militar", de luptător înaintea bătăliei pe care este ferm convins că o va câştiga. „Fără a se lua în considerare ceea ce ar putea fi perceput ca o mentalitate a victimelor [în lumea cancerului de sân], devii un supravieţuitor, nu un pacient, înnobilat de metaforele militare ale luptei cu boala", constată Ehrenreich pe pielea ei. Pe scurt, *keep being in control!* Orice individ, chiar şi bolnav – sau mai ales atunci când se confruntă cu boala –, este propriul său Superman sau, după preferinţă, un alt supererou de *pop culture*. Mi se pare mie sau chiar există puţină provocare adolescentină în această negare a vulnerabilităţii fiinţei umane şi, de fapt, multă angoasă în acest eroism triumfător în lupta cu boala (moartea)?

Să ne înţelegem: ştiu – de fapt, cred cu tărie – că ceea ce americanii numesc cu oarecare emfază „gândire pozitivă" este ceva extrem de important. Am practicat această atitudine toată viața – am recurs la ea și atunci când am fost operat de cancer, și atunci când am făcut un infarct. Am fost singurul din familie care nu și-a făcut griji în aceste situații, iar după lunile de refacere m-am întors la exact același stil de viață. Am vreo doi prieteni care chiar s-au luptat pentru viața lor atunci când niciun medic nu le mai dădea vreo șansă – și au reușit. Sunt deci ultimul care să desconsidere ceea ce poate face psihicul în relația sa cu corpul. Dar este riscant când această stare de spirit individuală este transformată în ideologie dominantă și începe să stabilească agenda dezirabilității sociale; și, în orice caz, gândirea pozitivă și imperativul fericirii nu pot fi transformate în normă colectivă, care să atragă după sine o „pedeapsă" pentru cei care o încalcă – fie ea și „informală". Alternativa *Smile or die* este o aberație triumfătoare!

*

Intermezzo: *Self-care* și... telepatie

Era undeva prin Parâng, cred, în cele câteva săptămâni obișnuite de mers cu cortul. Pe la cinci sau șase dimineața, mama s-a trezit brusc din somn și a privit în gol: *A murit Arghezi!* – ne-a anunțat ea, după care și-a făcut o cruce discretă și a ieșit să facă focul. Când ne-am sculat și noi și am dat drumul la micul radio portativ, tocmai se anunța moartea lui Arghezi.

N-am știut niciodată multe lucruri despre bunicul meu matern. Știam doar că, având o mică vie nu departe de Mărţişor, îl aproviziona pe Arghezi cu vin şi miere şi se afla destul de des în „gospodăria" acestuia – iar mama mea îl însoţea, se pare, câteodată. Dar acest lucru nu explică deloc cum de a „aflat" mama, *in real time*, că a murit Arghezi. De fapt, a fost prima şi ultima dată când mama mea a avut o asemenea „performanţă". Explicaţia are totuşi un nume: telepatie. Iar telepatia este, de multă vreme, un lucru banal în lumea ştiinţifică, nu cine ştie ce „vrăjitorie" sau fenomen „paranormal". Mai exact, telepatia a fost un avantaj evolutiv pentru omul de acum zeci de mii de ani şi face parte din „dotările" general umane până în ziua de azi. Ceea ce nu înseamnă însă că oricine poate să activeze, oricând, aceste competenţe, altminteri existente lăuntric: se întâmplă doar într-un caz la o sută de mii, la un milion sau la zece milioane, Dumnezeu ştie. Dar se întâmplă!

Mi-am adus aminte de această întâmplare deoarece este acelaşi gen de eveniment denegat, dar şi imposibil de explicat, precum cazurile de *self-care*, mai exact de autoînsănătoşire. Da, astfel de cazuri chiar există, sunt posibile şi, uneori, devin cât se poate de „reale"; dar nu sunt multe... Ar fi o dovadă de obtuzitate să ne facem că nu le vedem, dar ar fi o naivitate să credem că „autoînsănătoşirea" este la îndemâna oricui, oricând: *Dacă vrei, poţi!* este doar o reclamă de piaţă...

*

Pe scurt, sunt convins că starea psihică influenţează bunăstarea corpului pe nişte căi pe care nu le cunoaştem încă foarte bine, dar aceasta doar dacă optimismul, încrederea, „gândirea pozitivă” sunt modul de a fi al unora, şi nu moda tuturor. Eliberat de constrângerile Bisericii şi ale „civilizării”, corpul „postmodern” riscă astfel să fie prins în colivia de catifea a fericirii obligatorii. Cultul actual al corpului ni-l înfăţişează pe acesta sub masca fericirii. Este minunat, dar de-mascarea riscă să fie o mare şi dureroasă experienţă...

*

Intermezzo: Corpul eroic şi corpul confortabil

Vă mai aduceţi aminte din şcoală? *Du-te la oştire! Pentru ţară mori! Şi-ţi va fi mormântul coronat cu flori!* Sună atât de desuet acum, dar e o poveste universală şi veche de când lumea: corpul bărbatului este mai întâi de toate un corp eroic, destinat şi dedicat luptei. Puterea şi valoarea acestui corp au fost pretutindeni – şi mai sunt pe alocuri – acelea de a muri în luptă; corpul amputat al înfrângerii a început să fie recunoscut social abia după masacrele din Primul Război Mondial, când veteranilor încep să li se acorde prin lege anumite drepturi şi compensaţii. Până atunci, corpurile schilodite ale soldaţilor înfrânţi nu au făcut decât să îngroaşe rândurile populaţiei anonime de „vagabonzi”, pe lângă bătrâni, cerşetori, nebuni şi alţi indezirabili.

Ei bine, eu nu am avut niciodată vocaţie de erou şi detest ideea de corp eroic. Şi da, recunosc, sunt un mic-burghez, ador ipostaza de corp confortabil! E treaba mea, alegerea mea? Să fim serioși – dacă m-aș fi născut în altă epocă sau în altă cultură, n-ar fi existat niciun fel de „alegere". Și nici mie nu mi-ar fi trecut prin cap, probabil, posibilitatea de a fi altceva decât un corp eroic și demn în eroismul său. De câte ori mă gândesc la acest lucru, sunt recunoscător soartei că nu am prins niciun război! Nu știu cum aș fi reacționat, dar mă bucur că nu am fost pus în situația de a-mi cunoaște cu adevărat limitele. Și împărtășesc înțelepciunea populară care zice să nu dai omului cât poate îndura.

În lumea particulară a bolii, înlocuirea corpului eroic cu cel confortabil a fost făcută posibilă prin democratizarea spitalului și tehnologiile analgezice: în spitalele de azi, toată lumea are dreptul la o reducere la minimum a durerii. Faptul de a rezista la durere nu mai are nimic „eroic" în sine, ci ține de malpraxis și devine încălcare a dreptului la „confort" al pacientului. Slavă Domnului!...

*

Comparați acum această *geometrie* „evidentă" a corpului „universal" cu *urzeala* corpului samo. Totul se întrepătrunde, sânge și spirit, vii și strămoși, entități naturale și supranaturale: corpul este asemenea întregii lumi, o împletire a tuturor acestor „principii" diverse. Pentru un european, acest corp nu există, este o fabulație, eventual interesantă pentru antropologi. Însă pe cât punem pariu că nici pentru un samo corpul european nu poate exista, că acesta este o fantasmă cam puerilă? Așa cum, în bună măsură, *suntem gândiți* de limbă, tot așa *suntem în-corporați* relativ diferit de marile viziuni cosmogonice, străvechi sau moderne.

De fapt, corpul este prima noastră „mască”, acea *persona* care a dat naștere termenului „personalitate”; este mai mult imaginație decât carnație – sau imaginația care transfigurează carnația! Este imaginat deja dinainte de a se naște, conform unor corespondențe cosmogonico-anatomice precum cele amintite mai sus. E greu de spus apoi câte luni rămâne sugarul un corp „natural”, experimentând doar (?) confortul și disconfortul și reacționând în consecință. Foarte curând apoi, corpul va fi „mascat”, în-chipuit după norme sociale și reprezentări culturale particulare. Modul în care va fi alăptat și înfășat este cultural și el – și știm de mult care sunt implicațiile acestor „tehnici de creștere a copiilor”.

Vor fi corpuri de bărbat și de femeie, dincolo de ceea ce distinge biologia în această privință, vor fi corpuri războinice, corpuri penitente, corpuri făcute pentru sacrificiu și glorie eternă, corpuri îngrijite și corpuri de neatins. Niciunul dintre noi nu își duce viața în afara unor astfel de „măști” – care reprezintă ceea ce suntem și care nu au nimic „natural” în ele. Într-un fel, suntem niște corpuri povestite: este, de fapt, ceea ce ne face oameni...

*

Ei bine, *Spitalul* este un spațiu în care faci cunoștință, într-un mod cam radical, cu corpul tău. N-aș spune nici corpul tău „adevărat”, nici „real”, ci pur și simplu corpul tău de-mascat. Şi eşti surprins, eşti derutat, eşti revoltat. Durerea asta din coşul pieptului nu este nimic altceva decât o durere în coşul pieptului, o durere care există pentru că este aşa cum este. Nu are niciun sens suplimentar, nu înseamnă nimic mai mult decât o senzaţie de durere, este de o trivialitate insultătoare; nu are nicio „poveste" aparte – drept care te grăbeşti să-i găseşti una... Dar durerea rămâne acolo, de o placiditate jignitoare la adresa întregii tale demnităţi umane. Din această situaţie se naşte o perplexitate care m-a lovit în multe ore târzii ale nopţii: *cine este, de fapt, subiectul suferinţei?*

*

Intermezzo: Corpul împuţinat

Cât de mult se poate împuţina un corp pentru a mai putea trăi ca un corp, pentru a putea fi privit şi acceptat ca un corp? Într-o lume a cultului corpului, a *corpului deplin*, imaginea *corpului împuţinat* de boală şi/sau bătrâneţe este cu atât mai greu de acceptat. Imaginea nu face însă decât să se adauge unei limitări mult mai substanţiale: cât poţi să reduci din corp, cât poţi să pierzi din corp fără a te pierde? Cum mai poţi, cât mai poţi fi tu însuţi într-un corp care nu este, nu mai este el însuşi?

E mai bine să nu afli niciodată! Spitalul te obligă însă să trăieşti şi să conştientizezi această experienţă a „împuţinării" în aşteptarea angoasantă a momentului în care îţi vei fi atins limitele.

*

Da, *Spitalul* te umilește în măsura în care îți dezvăluie corpul într-un mod mult mai apropiat de „natural” decât ți-ai fi imaginat vreodată și decât ești pregătit să accepți. De fapt, nu vei accepta niciodată și te vei lupta până în ultima clipă pentru a-ți (re)face o poveste a demnității în fața morții. Mary Douglas are dreptate: pur și simplu nu ne putem referi la corp într-un mod „natural”. Iar la un moment dat vei începe să (între)vezi și de ce: pentru că, de fapt, el nu este „natural”...

În loc de final

Un om nu este mort decât atunci când ultimul om care l-a cunoscut este și el mort.

Jorge Luis Borges

— *Dom' profesor, noi suntem aici pentru dumneavoastră. Toți, din toate generațiile pe care le-ați fascinat. Și avem multe de făcut împreună, așa că nu stați mult pe gânduri cu vindecarea, da?*

*

— *Sănătate multă, ținem pumnii non-stop! Sper că se simte avalanșa telepatică de gânduri bune...*

*

— *Un tripudio di buona salute per il Prof un colore di auguri e di affetto dei suoi tanti amici, conoscenti, studenti e colleghi.*

*

— *Să fii sănătos, Vintilă! Și complimente prietenilor și băieților tăi – m-au impresionat!*

M-au impresionat și pe mine...

Era pe la început, când încă nu mă obișnuisem cu spitalul și practicile sale. Când am fost anunțat că ar trebui să mi se facă o transfuzie, dar spitalul nu mai are sânge, am intrat în panică. Au intrat în panică și băieții mei, așa încât au făcut un anunț pe Facebook cum că am nevoie de sânge. În două-trei zile, „apelul umanitar" s-a rostogolit pe rețelele sociale și sute și sute de oameni au donat sânge pentru mine. Când am aflat, mi-a venit să mă ascund sub pat. Mă simțeam de parcă aș fi fost un jalnic exhibiționist care își arată bubele în public pentru a impresiona lumea. Ca de obicei, doar soția mea a reușit să mă potolească. Apoi au început să curgă mesaje de genul celor de mai sus. Când le-am citit pe primele, m-am încuiat în baie (la dracu', pe vremea aia eram singur în salon!) și am plâns cât pentru o viață întreagă. Am plâns de emoție, apoi mi-a fost rușine de nestăpânita mea emoție, dar în final am acceptat-o și am mai plâns o dată, liber și neînfrânat. Din zilele care au urmat și până în prezent m-am hrănit cu această „avalanșă telepatică de gânduri bune" și am simțit că, prin ele, viața mea se dublează, se triplează, se extinde la infinit. Și acum sunt convins de acest lucru!

Această aventură mi-a adus aminte, tainic și spontan, de o întâmplare din copilărie. Să fi avut vreo 10-11 ani. Luam lecții de engleză cu o doamnă puțin cocoșată, care locuia în căsuța ciudată din zăvoiul Muzeului Antipa. De câte ori mergeam acolo, parcă intram într-o lume de poveste. Într-o zi, nu știu cum și de ce a venit vorba, dar doamna Vâlceanu, profesoara mea, m-a întrebat puțin surprinsă: *Adică tu crezi în nemurirea sufletului? Bineînțeles!* – am răspuns eu. Și am început să depăn o explicație care nu-mi trecuse niciodată prin cap până atunci. Din câte îmi aduc aminte, era ceva de genul acesta: sufletul este, de fapt, o relație, e făcut din cuvintele și gesturile pe care le schimbi cu ceilalți – și prin ceilalți merge astfel mai departe, generație după generație, un suflet de cuvinte și amintiri. Cu toate că nu era cazul, doamna Vâlceanu m-a provocat să continui: *Păi, asta înseamnă că unii vor avea suflete mai mari și o nemurire mai lungă decât alții. Crezi că e drept?* Nu mă gândisem, evident, la asta, dar am răspuns brusc, convins de ceea ce spuneam: *Sigur că e drept – cum îți așterni, așa dormi!*

Uitasem de mult de această întâmplare, dar îmi dau seama acum că mi-a plăcut întotdeauna să vorbesc cu oamenii. Am zâmbit apoi la gândul că toți acești oameni care îmi scriseseră și care își aminteau de mine îmi făcuseră un suflet mai mare și o nemurire ceva mai lungă. Mi-am imaginat apoi un soi de *cuante de memorie*: să supraviețuiești, să dăinuiești ca o pulbere de cuante de memorie care traversează mintea câte unui individ sau care se agregă în idei ce bântuie mințile oamenilor, iar apoi se dezagregă, plutind singuratice prin Calea Lactee a metaspaţiului psihic până la o altă agregare; şi toate acestea umplând timpul scurt al eternităţii umane.

Ce Poveste! În orice caz, mie îmi este suficientă. Sau ar trebui să-mi fie...

Cuprins

Cele două corpuri de acasă 9

Drumul spre spital 17

Spitalizarea 32

Domesticirea spitalului 69

Relația medic-bolnav 91

Boală, spital și mecanisme de apărare 122

În-chipuiri ale corpului 217

În loc de final 233

PLURAL M

au apărut:

1. Émile Durkheim – *Formele elementare ale vieții religioase*
2. Arnold Van Gennep – *Riturile de trecere*
3. Carlo Ginzburg – *Istorie nocturnă*
4. Michel de Certeau – *Fabula mistică*
5. G.W. Leibniz – *Eseuri de teodicee*
6. J. Martín Velasco – *Introducere în fenomenologia religiei*
7. * * * – *Marele Inchizitor. Dostoievski – lecturi teologice*
8. Raymond Trousson – *Istoria gândirii libere*
9. Marc Bloch – *Regii taumaturgi*
10. Filostrat – *Viața lui Apollonios din Tyana*
11. Diogenes Laertios – *Despre viețile și doctrinele filosofilor*
12. Ștefan Afloroaei – *Cum este posibilă filosofia în estul Europei*
13. Gail Kligman – *Nunta mortului*
14, 15. Jean Delumeau – *Păcatul și frica*
16. Mihail Psellos – *Cronografia. Un veac de istorie bizantină. 976-1077*
17. Cicero – *Despre divinație*
18, 19. Elena Niculiță-Voronca – *Datinele și credințele poporului român adunate și așezate în ordine mitologică*
20. * * * – *Carmina Burana. Antologie de poezie latină medievală*
21. Paul Zumthor – *Babel sau nedesăvârșirea*
22. Porfir – *Viața lui Pitagora. Viața lui Plotin*
23. E.R. Dodds – *Grecii și iraționalul*
24. Jean Delumeau – *Mărturisirea și iertarea. Dificultățile confesiunii. Secolele XIII-XVIII*
25. Thomas de Aquino – *Despre fiind și esență*
26. I.-Aurel Candrea – *Folclorul medical român comparat. Privire generală. Medicina magică*
27. Vladimir Petercă – *Regele Solomon în Biblia ebraică și în cea grecească. Contribuție la studiul conceptului de* midraș

28. Emmanuel Lévinas – *Totalitate şi Infinit*
29. * * * – *Evanghelii apocrife* (ediţia a II-a)
30. Jacques Le Goff – *Omul medieval*
31. Jacques Derrida – *Spectrele lui Marx. Starea datoriei, travaliul doliului şi noua Internaţională*
32. Gabriel Andreescu, Gusztáv Molnár (ed.) – *Problema transilvană*
33. Seneca – *Naturales quaestiones. Ştiinţele naturii în primul veac*
34. Cristian Bădiliţă – *Platonopolis sau Împăcarea cu filosofia*
35. Hans-Georg Gadamer – *Elogiul teoriei. Moştenirea Europei*
36. Pavel Florenski – *Stâlpul şi Temelia Adevărului. Încercare de teodicee ortodoxă în douăsprezece scrisori*
37. Eugenio Garin – *Omul Renaşterii*
38. Julien Ries – *Sacrul în istoria religioasă a omenirii*
39. Virgil Nemoianu – *Jocurile divinităţii. Gândire, libertate şi religie la sfârşit de mileniu*
40. Robert Darnton – *Marele masacru al pisicii şi alte episoade din istoria culturală a Franţei*
41. * * * – *Anticristul*
42. Lie Zi – *Calea vidului desăvârşit*
43. Cicero – *Despre destin*
44. Michel Vovelle – *Omul Luminilor*
45. Françoise Bonardel – *Filosofia alchimiei. Marea Operă şi modernitatea*
46. Tatiana Slama-Cazacu – *Stratageme comunicaţionale şi manipularea*
47. * * * – *Trei apocrife ale Vechiului Testament*
48. Jacques Le Goff – *Sfântul Francisc din Assisi*
49. A.R. Radcliffe-Brown – *Structură şi funcţie în societatea primitivă*
50. François Furet – *Omul romantic*
51. Hans-Georg Gadamer – *Actualitatea frumosului*
52. Plinius – *Naturalis historia. Enciclopedia cunoştinţelor din Antichitate* (vol. I)
53. Arnold Van Gennep – *Totemismul. Starea actuală a problemei totemice*
54. Rosario Villari – *Omul baroc*
55. John R. Searle – *Realitatea ca proiect social*

56. Peter Sloterdijk – *Critica rațiunii cinice* (vol. I)
57. Isabelle Stengers – *Inventarea științelor moderne*
58. Guglielmo Cavallo – *Omul bizantin*
59. Nicolae Corneanu – *Patristica mirabilia. Pagini din literatura primelor veacuri creștine*
60. Pierre Teilhard de Chardin – *Scrisori inedite*
61. Andrea Giardina – *Omul roman*
62. Sergio Donadoni – *Omul egiptean*
63. Anne Cheng – *Istoria gândirii chineze*
64. Artemidor Daldianul – *Carte de tălmăcire a viselor*
65. Dolores Toma – *Despre grădini și modurile lor de folosire*
66. Silviu Rogobete – *O ontologie a iubirii. Subiect și Realitate Personală supremă în gândirea teologică a părintelui Dumitru Stăniloae*
67. Plinius – *Naturalis historia. Enciclopedia cunoștințelor din Antichitate* (vol. II)
68. Jean-Pierre Vernant – *Omul grec*
69. Matei Călinescu – *Despre Ioan P. Culianu și Mircea Eliade. Amintiri, lecturi, reflecții*
70. H.-R. Patapievici – *Cerul văzut prin lentilă*
71. Norbert Elias – *Procesul civilizării. Cercetări sociogenetice și psihogenetice* (vol. I – *Transformări ale conduitei în straturile laice superioare ale lumii occidentale*)
72. Norbert Elias – *Procesul civilizării. Cercetări sociogenetice și psihogenetice* (vol. II – *Transformări ale societății. Schița unei teorii a civilizării*)
73. Ute Frevert, Heinz-Gerhard Haupt – *Omul secolului XX*
74. Augustin – *Prima cateheză. Inițiere în viața creștină*
75. Plinius – *Naturalis historia. Enciclopedia cunoștințelor din Antichitate* (vol. III)
76. Ute Frevert, Heinz-Gerhard Haupt – *Omul secolului al XIX-lea*
77. Georges Dumézil – *Căsătorii indo-europene și Cincisprezece chestiuni romane*
78. Cristian Bădiliță – *Manual de anticristologie. Studii, dosar biblic, traduceri și comentarii*
79. Grete Tartler – *Înțelepciunea arabă (secolele V-XIV)*
80. * * * – *Originile creștinismului*
81. * * * – *Evanghelii apocrife* (ediția a III-a)

82. Paul Ricœur, André Lacocque – *Cum să înţelegem Biblia*
83. Plinius – *Naturalis historia. Enciclopedia cunoştinţelor din Antichitate* (vol. IV)
84. Dominique Camus – *Puteri şi practici vrăjitoreşti. Anchetă asupra practicilor actuale de vrăjitorie*
85. Meister Eckhart – *Cetăţuia din suflet. Predici germane*
86. Peter Sloterdijk – *Critica raţiunii cinice* (vol. II)
87. Augustin – *Despre iubirea absolută. Comentariu la Prima Epistolă a lui Ioan*
88. Daniel Dubuisson – *Mitologii ale secolului XX. Dumézil, Lévi-Strauss, Eliade*
89. Marie Capdecomme – *Viaţa morţilor. Despre fantomele de ieri şi de azi*
90. Vladimir Petercă – *Mesianismul în Biblie*
91. Evagrie Ponticul – *Tratatul practic. Gnosticul*
92. Iamblichos – *Misteriile egiptenilor*
93. * * * – *Carmina Burana. Antologie de poezie latină medievală* (ediţia a II-a)
94. Erving Goffman – *Aziluri. Eseuri despre situaţia socială a pacienţilor psihiatrici şi a altor categorii de persoane instituţionalizate*
95. Michel Foucault – *Hermeneutica subiectului. Cursuri la Collège de France (1981-1982)*
96. Moshe Idel – *Perfecţiuni care absorb. Cabala şi interpretare*
97. Alexandru Zub – *Istorie şi finalitate. În căutarea identităţii* (ediţia a II-a)
98. Adriana Babeţi – *Dandysmul. O istorie*
99. Plinius – *Naturalis historia. Enciclopedia cunoştinţelor din Antichitate* (vol. V)
100. Andrei Oişteanu – *Ordine şi Haos. Mit şi magie în cultura tradiţională românească*
101. Xun Zi – *Calea guvernării ideale*
102. Johann Martin Honigberger – *Treizeci şi cinci de ani în Orient*
103. Adrian Marino – *Prezenţe româneşti şi realităţi europene. Jurnal intelectual* (ediţia a II-a, cu un post-scriptum al autorului)
104. Seneca – *Dialoguri (I)*
105. Jean Delumeau – *Liniştiţi şi ocrotiţi. Sentimentul de securitate în Occidentul de altădată* (vol. I)

106. Plutarh – *Despre oracolele delfice*
107. Paul Cernat, Ion Manolescu, Angelo Mitchievici, Ioan Stanomir – *Explorări în comunismul românesc* (vol. I)
108. Seneca – *Dialoguri (II)*
109. Ruxandra Cesereanu – *Decembrie '89. Deconstrucţia unei revoluţii*
110. Plinius – *Naturalis historia. Enciclopedia cunoştinţelor din Antichitate* (vol. VI)
111. * * * – *Întotdeauna Orientul : corespondenţă Mircea Eliade – Stig Wikander (1948-1977)*
112. Monica Broşteanu – *Numele lui Dumnezeu în Coran şi în Biblie*
113. Ruxandra Cesereanu – *Gulagul în conştiinţa românească. Memorialistica şi literatura închisorilor şi lagărelor comuniste*
114. Gail Kligman – *Nunta mortului. Ritual, poetică şi cultură populară în Transilvania* (ediţia a II-a)
115. Anca Manolescu – *Europa şi întâlnirea religiilor. Despre pluralismul religios contemporan*
116. Jean Delumeau – *Liniştiţi şi ocrotiţi. Sentimentul de securitate în Occidentul de altădată* (vol. II)
117. Seneca – *Despre binefaceri. Despre îngăduinţă (De beneficiis. De clementia)*
118. Paul Cernat, Ion Manolescu, Angelo Mitchievici, Ioan Stanomir – *Explorări în comunismul românesc* (vol. II)
119. Mircea Mihăieş – *Cărţile crude*
120. H.-R. Patapievici – *Cerul văzut prin lentilă* (ediţia a V-a)
121. Valeriu Gherghel – *Porunca lui rabbi Akiba. Ceremonia lecturii de la sfântul Augustin la Samuel Pepys. Eseuri şi autofricţiuni exegetice*
122. Alexandru Zub – *Clio sub semnul interogaţiei. Idei, sugestii, figuri*
123. Cristian Bădiliţă – *Metamorfozele Anticristului la Părinţii Bisericii*
124. Vintilă Mihăilescu – *Socio-hai-hui prin Arhipelagul România*
125. Jean Delumeau – *În aşteptarea zorilor. Un creştinism pentru mâine*
126. Corin Braga – *De la arhetip la anarhetip*

127. Salman Rushdie – *Dincolo de limite*
128. Ruxandra Cesereanu (coord.) – *Comunism și represiune în România. Istoria tematică a unui fratricid național*
129. Pier Paolo Pasolini – *Scrieri corsare*
130. Mihai Valentin Vladimirescu – *O istorie a Bibliei ebraice*
131. José Antonio Marina – *Inteligența eșuată. Teoria și practica prostiei*
132. Mihai Dinu Gheorghiu – *Intelectualii în câmpul puterii. Morfologii și traiectorii sociale*
133. Michael Johnston – *Corupția și formele sale. Bogăție, putere și democrație*
134. Mihail Neamțu – *Gramatica Ortodoxiei. Tradiția* după *modernitate*
135. Gilles Lipovetsky – *Fericirea paradoxală. Eseu asupra societății de hiperconsum*
136. Barnaby Rogerson – *Moștenitorii Profetului Mahomed. Cauzele schismei dintre șiiți și sunniți*
137. Jacques Attali – *Scurtă istorie a viitorului*
138. Corin Braga (coord.) – *Concepte și metode în cercetarea imaginarului. Dezbaterile Phantasma*
139. Seneca – *Epistole către Lucilius* (vol. I)
140. * * * – *Evanghelii apocrife* (ediția a IV-a)
141. Seneca – *Epistole către Lucilius* (vol. II)
142. Mihail Neamțu – *Bufnița din dărâmături. Insomnii teologice în România postcomunistă*
143. Cristian Bădiliță – *Glafire. Nouă studii biblice și patristice*
144. Saul Bellow – *Până la Ierusalim și înapoi*
145. Fernando Savater – *Viața eternă*
146. Gilles Lipovetsky, Jean Serroy – *Ecranul global. Cultură, mass-media și cinema în epoca hipermodernă*
147. Salman Rushdie – *Patrii imaginare*
148. Paul Cernat, Angelo Mitchievici, Ioan Stanomir – *Explorări în comunismul românesc* (vol. III)
149. Philippe Braud – *Mic tratat de emoții, sentimente și pasiuni politice*
150. Andrei Codrescu – *Noi n-avem bun-gust, noi suntem artiști*
151. A.C. Grayling – *Alegerea lui Hercule. Plăcerea și datoria în secolul XXI*

152. Nadia Anghelescu – *Identitatea arabă. Istorie, limbă, cultură*
153. Adam Michnik – *Mărturisirile unui disident convertit*
154. Marta Petreu – *Diavolul şi ucenicul său: Nae Ionescu – Mihail Sebastian*
155. Umberto Eco – *De la arbore spre labirint. Studii istorice despre semn şi interpretare*
156. Mircea Mihăieş – *Despre doliu. Un an din viaţa lui Leon W.*
157. Ruxandra Cesereanu – *Decembrie '89. Deconstrucţia unei revoluţii* (ediţia a II-a)
158. Mihail Neamţu – *Povara libertăţii. Antiteze, paradigme şi biografii moderne*
159. Aristotel – *Despre generare şi nimicire*
160. Umberto Eco – *Kant şi ornitorincul* (ediţia a II-a)
161. Anca Vasiliu – *Despre diafan. Imagine, mediu, lumină în filosofia antică şi medievală*
162. Andrei Oişteanu – *Narcotice în cultura română. Istorie, religie şi literatură*
163. Marta Petreu – *Diavolul şi ucenicul său: Nae Ionescu – Mihail Sebastian* (ediţia a II-a)
164. Moshe Idel – *Fiul lui Dumnezeu şi mistica evreiască*
165. Albert Hourani – *Istoria popoarelor arabe*
166. Anca Manolescu – *Stilul religiei în modernitatea târzie*
167. Vladimir Jankélévitch – *Curs de filosofie morală*
168. Claude Lévi-Strauss – *Gândirea sălbatică*
169. Andrei Oişteanu – *Narcotice în cultura română. Istorie, religie şi literatură* (ediţia a II-a)
170. Umberto Eco – *Cum ne construim duşmanul*
171. Camil Ungureanu (coord.) – *Religia în democraţie. O dilemă a modernităţii*
172. Ion Vartic – *Cioran naiv şi sentimental*
173. Max Horkheimer, Theodor W. Adorno – *Dialectica Luminilor. Fragmente filosofice*
174. Valeriu Gherghel – *Breviarul sceptic. Şi alte eseuri despre simplitate*
175. Gabriel Andreescu – *Cărturari, opozanţi şi documente. Manipularea Arhivei Securităţii*
176. Mihai Valentin Vladimirescu – *Viaţa de zi cu zi în vremea lui Iisus*

177. Vintilă Mihăilescu – *Scutecele naţiunii şi hainele împăratului. Note de antropologie publică*
178. Adriana Babeţi – *Amazoanele. O poveste*
179. David Bentley Hart – *Frumuseţea infinitului. Estetica adevărului creştin*
180. Moshe Idel – *Mircea Eliade. De la magie la mit*
181. Grete Tartler – *Înţelepciunea arabă. De la preislam la hispano-arabi* (ediţia a III-a)
182. Mirel Bănică – *Nevoia de miracol. Fenomenul pelerinajelor în România contemporană*
183. Klaus Heitmann – *Imaginea românilor în spaţiul lingvistic german (1775-1918). Un studiu imagologic*
184. Moshe Idel – *Răul primordial în Cabala. Totalitate, perfecţiune, perfectibilitate*
185. Barnaby Rogerson – *Profetul Mahomed. O biografie*
186. Vintilă Mihăilescu – *Apologia pârleazului*
187. Gabriel Andreescu – *Existenţa prin cultură. Represiune, colaboraţionism şi rezistenţă intelectuală sub regimul comunist*
188. Umberto Eco – *Cronicile unei societăţi lichide*
189. Umberto Eco – *Limitele interpretării*
190. Ruxandra Cesereanu – *Fugarii. Evadări din închisori şi lagăre în secolul XX*
191. Cătălin Partenie, Alfred Bulai (coord.) – *In Fiction We Trust*
192. Umberto Eco – *Kant şi ornitorincul* (ediţia a III-a)
193. Sorin Mitu – *De la Burebista la Iohannis. Istorii, analize, satire*
194. Madeea Axinciuc – *Profetul şi oglinda fermecată. Despre imaginaţie şi profeţie în* Călăuza rătăciţilor *de Moise Maimonide*
195. Andrew Scull – *O istorie culturală a nebuniei: de la Biblie la Freud, de la casa de nebuni la medicina modernă*
196. Eugen Negrici – *Iluziile literaturii române*
197. Vintilă Mihăilescu – *Etnogeneză şi ţuică*
198. Ştefan Afloroaei – *Fabula existenţială*
199. Roland Barthes – *Discursul îndrăgostit*
200. Simone Weil – *Înrădăcinarea. Preludiu la o declaraţie a datoriilor faţă de fiinţa umană*

201. Tom Nichols – *Sfârşitul competenţei. Discreditarea experţilor şi campania împotriva cunoaşterii tradiţionale*
202. Chase F. Robinson – *Civilizaţia islamică în 30 de vieţi. Primii 1.000 de ani*
203. Moshe Idel – *Experienţa mistică la Abraham Abulafia*
204. Vintilă Mihăilescu – *În căutarea corpului regăsit. O ego-analiză a spitalului*

www.polirom.ro

Redactor: Cezar Petrilă
Coperta: Radu Răileanu
Tehnoredactor: Luminița Păun

Bun de tipar: aprilie 2019. Apărut: 2019
Editura Polirom, B-dul Carol I nr. 4 • P.O. BOX 266
700506, Iași, Tel. & Fax: (0232) 21.41.00; (0232) 21.41.11;
(0232) 21.74.40 (difuzare); E-mail: office@polirom.ro
București, Splaiul Unirii nr. 6, bl. B3A, sc. 1, et. 1,
sector 4, 040031, O.P. 53
Tel.: (021) 313.89.78; E-mail: office.bucuresti@polirom.ro

Tiparul executat la S.C. LUMINA TIPO s.r.l.
str. Luigi Galvani nr. 20 bis, sect. 2, București
Tel./Fax: 211.32.60, 212.29.27, E-mail: office@luminatipo.com